经典名著导读系列之

《西游记》导读手册

北京景山学校远洋分校◎编著

知识产权出版社
全国百佳图书出版单位

图书在版编目（CIP）数据

经典名著导读系列之《西游记》导读手册 / 北京景山学校远洋分校编著．—北京：知识产权出版社，2018.8
ISBN 978-7-5130-5711-0

Ⅰ．①经… Ⅱ．①北… Ⅲ．①阅读课－初中－教学参考资料 Ⅳ．①G634.333

中国版本图书馆CIP数据核字(2018)第172525号

责任编辑：卢媛媛　　**责任印制**：刘译文

经典名著导读系列之《西游记》导读手册

北京景山学校远洋分校◎编著

出版发行：	知识产权出版社有限责任公司	**网　　址**：	http：//www.ipph.cn
电　　话：	010－82004826		http：//www.laichushu.com
社　　址：	北京市海淀区气象路50号院	**邮　　编**：	100081
责编电话：	010－82000860转8597	**责编邮箱**：	luyuanyuan@cnipr.com
发行电话：	010－82000860转8101	**发行传真**：	010－82000893
印　　刷：	北京建宏印刷有限公司	**经　　销**：	各大网上书店、新华书店及相关专业书店
开　　本：	889mm×1194mm　1/16	**印　　张**：	7.5
版　　次：	2018年8月第1版	**印　　次**：	2018年8月第1次印刷
字　　数：	150千字	**定　　价**：	32.00元

ISBN 978－7－5130－5711－0

北京景山学校远洋分校

经典名著导读系列图书编委会名单

本书插图由◇清·早·元·气·社◇完成

成员为：杜丹丹　吴　刚　张　静　杨新新

王一列　李云凤　刘莉莉

在成长中阅读的历险记（代序）

程影

《西游记》是我国四大古典名著之一，它以丰富奇特的艺术想象、生动曲折的故事情节、栩栩如生的人物形象、幽默诙谐的语言构筑了一座独具特色的艺术宫殿；它也是明代长篇小说的重要流派之一——神魔小说的代表作。

《西游记》的成书前后酝酿了七百多年，在作者吴承恩的《西游记》所著之前已经有类似的评话《西游记》在民间流行，经吴承恩的整理创作，最终成为神话小说中最优秀的作品。

《西游记》创造了一个光怪陆离、神异奇幻的境界。天上地下、龙宫冥府、仙地佛境、险山恶水；形象多身奇貌异，似人似怪，神通广大，变幻莫测；故事则上天入地，翻江倒海，兴妖除怪，祭宝斗法；奇人、奇事、奇境熔于一炉，构筑成了一个统一和谐的艺术整体，展现出一种奇幻之美。美国大百科全书称其为“具有丰富内容和光辉思想的神话小说”。

几百年来，《西游记》作为一部描写冒险与历险的神话小说，一直为人们津津乐道，也有不少有趣的故事。

一位瑞典的老师是这样给他的学生介绍《西游记》的：一个中国的和尚去西方旅游，这种旅游的性质实质是一种探险，他骑着一匹白马，带着一名叫沙僧的仆人为他挑担。路上，为了消遣，他还带了一只猴子和一只宠物猪。听说他带的那只猴子本领很大，一路上为他打死了一只蝎子、两只蜈蚣、五只黄鼠狼、七只蜘蛛……和尚带的宠物猪没什么本事，但特别能吃，听说它一口气能吃四只西瓜，把和尚、仆人、猴子的那几份都吃了；它还很好色，路上碰到小姐，它就色迷迷的……但和尚很喜欢它，因为它一路上能为和尚解闷。那仆人最没用了，一天到晚就挑着那破担子，听任摆布。和尚花了十三年才到印度，寻了一些印度佛经，像得了宝贝一样的回国了。学生们听罢非常惊讶，一是想不到中国人这么热衷冒险，二是没想到一千年前中国人就喜欢宠物猪了。

这种解读显然脱离了中国的文化和历史，是对《西游记》的一种曲解。

唐僧、孙悟空、猪八戒、沙僧四人，出身不同，来历不同。唐僧为东土大唐人氏，孙悟空是东胜神洲傲来国花果山人氏，猪八戒来自西牛贺洲乌斯藏高老庄，沙僧则来自流沙河。真是来自天南海北，五湖四海，他们能够聚在一起的机缘，就是以佛祖为总设计师的“取经工程”。但是谁曾想到，取经路如此艰难，历经整整14个春秋冬夏，九九八十一难，斩妖除魔、出生入死，最终修成正果，取得真经。

有的同学要问，阅读这样的鸿篇巨制，我们要采用怎样的方法呢？这里推荐一种阅读名著的方法——略读法。什么是略读呢？所谓略读，即指快速阅读文章以了解其内容大意的阅读方法。换句话说，略读是要求读者有选择地进行阅读，可跳过某些细节，以求抓住文章的大概，从而加快阅读速度。

比如先把握全文结构。全书第一部分为第一回到第七回，主要写孙悟空的英雄传奇。尤其是大闹天宫，是全书最精彩的章节。第二部分是第八回至第十二回，是小说的另一重要人物唐僧的小传，主要写唐僧出世并交代其身世，这部分也是取经的缘起。第二部分在结构上与前七回并列，同为展开取经故事做准备。第三部分是第十三回至第一百回，写唐僧师徒四人取经的经过，一共包括四十一个故事，共经历九九八十一难，最终到西天取得真经、修成正果。其中精彩的情节有三打白骨精、女儿国、孙悟空大战牛魔王等，故事奇幻多变，引人入胜。

在这部神魔小说中，塑造了一系列生动的形象。上层神佛如玉帝、王母娘娘、如来佛、菩萨等。小神小仙如托塔李天王、赤脚大仙，巨灵神、土地神等。大大小小的妖精如黄袍怪、白骨精、玉兔精、蜘蛛精、蝎子精……《西游记》中具有各种名号的妖王魔头有五十多个，小说可谓人物繁多，不能一一细数。

如此众多的人物和丰富的情节，我们如何把握呢，我们可以用归类或索引的形式来梳理。比如，我们用表格的形式来梳理归纳师徒四人在取经路上所遇妖魔：

《西游记》13-100回师徒四人所遇妖魔总结归类表

妖魔意图		妖魔结局	
想吃唐僧肉的	其他借口阻挠西去的	被孙悟空直接打死、收伏的	上界神仙纵放成妖后被上方神仙收伏的

可以梳理的还有人物在不同时期的名称：

孙悟空：石猴、美猴王、孙悟空、弼马温、齐天大圣、行者、斗战胜佛

唐　僧：金蝉子、江流儿、玄奘、三藏、唐僧、旃檀功德佛

猪八戒：天蓬元帅、猪刚鬣、猪悟能、猪八戒、净坛使者

沙和尚：卷帘大将、沙悟净、沙和尚、金身罗汉

我们以孙悟空为例，串联相关情节。

孙悟空原系东胜神洲傲来国花果山上的一个破石而出的石猴。他一来到人间，就“目运两道金光，射冲斗府”，显示无比威力，酝酿着对神权统治的挑战。后来，他凭着自己的勇敢和智慧，做了“美猴王”，率领着众猴在花果山水帘洞过着自由自在的生活。

为了与天地山川齐寿，不生不灭，他拜菩提祖师为师，师父为他取名为孙悟空。学得神通后，闹龙宫，得到定海神针，踏地府，在阎罗的生死簿上勾去自己的名字。

孙悟空不做“弼马温”，奋起金箍棒，打出南天门，又偷蟠桃，盗御酒，窃仙丹，败天兵，一反再反，“打到通明殿里、灵霄殿外”，真“打得九曜星闭门闭户，四天王无影无踪”。

孙悟空在“强者为尊”的思想指导下，自称“齐天大圣”，并提出“皇帝轮流做，明年到我家”的口号，定要玉帝让出天宫宝座，被如来佛祖压在五行山下。

被唐僧收伏后，唐僧为他取名行者。孙悟空遇妖必斗，见魔必诛，他上天入地，探妖巢，入魔窟，不辞辛苦，不畏艰难。

孙悟空斩妖除怪的斗争实际上是与神佛斗争的继续，是孙悟空闹龙宫、闹地府、闹天宫战斗的继续，取经成功后被封为“斗战胜佛”。

我们还可以用索引法为人物量身制作这样的“名片”：

孙悟空

籍贯：东胜神洲傲来国花果山

名号：美猴王、孙悟空、弼马温、齐天大圣、行者、斗战胜佛

任务：保护唐僧西天取经

使用兵器：金箍棒（定海神针）

特长：火眼金睛、七十二变、筋斗云

名言：皇帝轮流做，明年到我家

主要事迹：大闹天宫、智擒红孩儿、三打白骨精、赌胜车迟国、三调芭蕉扇、真假美猴王等。

你看，通过这样的方式，我们就对书中主要人物及重要情节了如指掌了。

人物是小说的要素之一，《西游记》成功地塑造了众多的人物形象，因此，分析人物形象，就成为解读这部小说的一把钥匙。

如何读呢？

要精读。

小说中著名的情节“尸魔三戏唐三藏 圣僧恨逐美猴王”中既写了“尸魔”——“白骨夫人”三次变现为美女、老婆婆和老头儿迷惑唐僧、八戒，导致唐僧、孙悟空师徒矛盾爆发，也写了唐僧“恨逐美猴王”的取经经历。

妖精三变，悟空三打，唐僧有三责。这“三变”“三打”“三责”的情节，正应了一个成语叫“一波三折”。你看，语言描写多么符合人物身份，外貌描写多么精彩生动，心理刻画多么细致入微，动作描写多么精准到位！这三次描写充分揭露了白骨精的诡计多端，凸显了孙悟空善于透过迷人的假象认清妖怪的本来面目，从不心慈手软，除恶务尽，勇敢机智的斗争精神，反映出唐僧人妖不分，善

恶不辨的弱点，把故事推向高潮，为唐僧最后把孙悟空赶回花果山作了铺垫。

我们看到：在“大闹天宫”中，孙悟空身上表现出一种追求自由、勇于反抗、敢作敢为的战斗精神；在“西天取经”中，孙悟空身上表现出一种坚忍不拔、勇往直前、勇敢机智、永不妥协的理想主义精神。孙悟空的形象，在当时寄托着作者和广大人民反抗邪恶势力和战胜自然灾害的愿望，集中反映了劳动人民的优秀品质和理想。

孙悟空是小说中主要人物，其实，书中众多的人物形象都有着各自鲜明的性格特征，如：唐僧、猪八戒、沙僧……同学们可以选择一个人物，作一点精读分析。

深入阅读《西游记》你会发现，在这个光怪陆离、神异奇幻的世界里，处处都有人类世界的影子，正如鲁迅先生说“神魔皆有人情，精魅亦通世故”。

我们看到：取经路上，孙悟空总是为唐僧而哭泣。在“尸魔三戏唐三藏，圣僧恨逐美猴王”一回里，悟空“噙泪叩头辞长老”，见到东海“又想起唐僧，止不住腮边泪坠，良久方去”，说明在与凡人打交道的过程中，日久生情，钢铁做的汉子也会不忍别离而哭。另一次“哭”也是为唐僧驱除他而哭：悟空跑到南海见观世音，“倒身下拜，止不住泪如泉涌，放声大哭”，哭的原因是“唐僧负了我心”，为负心而哭，自然比感恩义伤别离的哭进了一层，哭得更伤心。

妖魔身上同样具有浓郁的人情味。他们崇尚人间真情，追求友情、亲情甚至爱情。很多妖魔都是仨俩成伙，兄弟相称，共图霸业。妖精内部不仅以兄弟相称，对外他们还建立起了严密的关系网。乌鸡国的妖道“神通广大，官吏情熟”；狮驼洞的大鹏精关系网更是了得：“那妖精一封书到灵山，五百阿罗都来迎接；一纸简上天宫，十一大神个个相钦。四海龙曾与他为友，八洞仙常与他作会。十地阎君以兄弟相称，社令城隍以宾朋相爱。”车迟国的三怪本是结拜的兄弟，在与悟空斗法的过程中，他们不是大难临头各自飞，而是齐心协力与师徒对抗，直至最后丢失性命。虽然他们作恶多端，但在这个情节里显示了他们身上的人情味。

在亲情上，很多妖精舐犊情深，手足义重。捉了唐僧，金角大王、银角大王要请老娘品尝；红孩儿则惦记着自己的老爸；金鼻白毛老鼠精为感李天王、哪吒太子恩义，为他们供奉长生牌位；碧波潭老龙一家，有龙婆、龙子、龙孙，还有女儿、女婿，一大家子热热闹闹。尤其是牛魔王一家，兄弟、妻妾、儿子形成一个妖魔大家庭，爱子之情使得妻妾兄弟团结起来一致对抗悟空。在这里，表现出了妖魔身上的浓郁亲情。

读《西游记》不仅能让同学们享受到阅读的乐趣，还可以从中反思到许多现实意义。

通过对孙悟空“火眼金睛”与唐僧“敌我不分”的形象对比，真切地告诉人们，在社会生活中要时刻保持明亮的眼睛和清醒的头脑，特别要善于识别那些隐藏着的、伪装着的坏人。

通过对唐僧师徒四人的角色定位、合作分工、不计前嫌、同心协力，终于战胜九九八十一难，到达西天取得真经、修成正果的事实，启示人们知人善任相信伙伴，互相扶持的团队精神是取得事业成功的关键。

唐僧师徒克服八十一难，终成正果。在我们生命中，其实也是一样，有晴天，也会有阴天、雨天、雪天；在我们的人生道路上，有平川坦途，也有无舟之渡，无桥之岸，那么，在人生的道路上，我们如何应对这些“磨难”呢？

名著，是“具有推崇价值的有名的作品”。经典名著的价值在于典范语言，在于精彩的故事，在于典型的人物，在于深刻而独到的主题。打开百度搜索引擎，输入“西游记”三个字，你会发现，关于这三个字的信息有一亿条。这足以说明《西游记》的内涵非常的丰富，它是世界文学名著中拥有读者最广泛的杰作之一。

阅读《西游记》不仅是读一部《历险记》，更是在反思普遍意义上的成长史，希望深入的阅读能够带给你们阅读的快乐，更带给你们深刻的生命体验。

目录

CONTENTS

第一单元 “西游”四人行

第一课 不一样的猴子

——孙悟空的英雄传奇

宋晓波

阅读提示

《西游记》是长篇章回体小说，为中国古代神话小说的经典之作。它所叙述的故事、所塑造的形象，家喻户晓、妇孺皆知、深入人心。前七回是全书之帽，一边安排孙悟空出场，交代其出身、师承、能耐、性格；一边通过孙悟空在天、地、冥、水四界穿越，描绘四界风貌，建立一个三维、四境立体的活动空间。

了如指掌

<table>
<tr><td rowspan="7">《西游记》前七回的主角是只“猴子”，这只猴子可不一般，它武艺高强、性格倔强，闹得了天宫，扰得了地府……这样的“猴子”有人爱，有人恨，你一定特别熟悉它的故事吧！请你将它的故事理一理，填一填。</td><td>猴王出世</td></tr>
<tr><td></td></tr>
<tr><td></td></tr>
<tr><td>入地府除生死簿</td></tr>
<tr><td>官封弼马</td></tr>
<tr><td></td></tr>
<tr><td></td></tr>
</table>

我是故事小达人

在以上故事中选取一个你最喜欢的讲给大家听，其他同学认真听，并根据下面的表格进行打分，得分最高的同学将获得“故事小达人”的称号哦，请大家认真评选！

评分项目	姓名	得分
情节完整（10分）		
感情饱满（10分）		
吐字清晰（10分）		
肢体语言（10分）		
声音洪亮（10分）		
总分		

抽丝剥茧

简历可以让人一目了然地了解一个人，像“齐天大圣”这么有名望、有本领的人物一定需要一张简历，现在你就是一名设计师，请你为他设计一份简历吧。

<table>
<tr><td colspan="4">孙悟空简历</td><td rowspan="4"></td></tr>
<tr><td>曾用名</td><td></td><td>导师</td><td></td></tr>
<tr><td>国籍</td><td></td><td>武器</td><td></td></tr>
<tr><td>毕业院校</td><td></td><td>技能</td><td></td></tr>
<tr><td rowspan="4">主要经历</td><td colspan="4"></td></tr>
<tr><td colspan="4"></td></tr>
<tr><td colspan="4"></td></tr>
<tr><td colspan="4"></td></tr>
<tr><td rowspan="4">自我评价</td><td colspan="4"></td></tr>
<tr><td colspan="4"></td></tr>
<tr><td colspan="4"></td></tr>
<tr><td colspan="4"></td></tr>
</table>

醍醐灌顶

前七回中的孙悟空你喜欢吗？说一说你的态度和理由。

我喜欢孙悟空，因为它：

我不喜欢孙悟空，因为它：

请你读一读下面的两首诗，到文中找一找这两首诗的“作者”是谁，读完你有什么新的发现。

天地生成灵混仙，花果山中一老猿，
水帘洞里为家业，拜友寻师悟太玄，
炼就长生多少法，学来变化广无边，
因在凡间嫌地窄，立心端要住瑶天，
灵霄宝殿非他久，历代人王有分传，
强者为尊该让我，英雄只此敢争先。

当年卵化学为人，立志修行果道真。
万劫无移居胜境，一朝有变散精神。
欺天罔上思高位，凌圣偷丹乱大伦。
恶贯满盈今有报，不知何日得翻身。

你来猜一猜吴承恩在前七回中为什么要写“猴王”的这些经历，作者想告诉我们读者什么呢？

浮想联翩

“大画西游”

文学与美术同属艺术范畴，文学与美术也早就结下了不解之缘，在我们很小的时候，我们喜欢看绘本，喜欢看漫画，喜欢看连环画，文中有图，图中有文，图文并茂的形式总是更能吸引我们的眼球，现在你也来试一试，将我们的文字与美术联姻，创作出精美的艺术作品吧！

温馨提示：在这个活动中大家可以画个插图，书签，绘画能力强的同学还可以制作个扇面啊，连环画等。

【抛砖引玉】欣赏图片作品，尝试想象创作：内容丰富、形式新颖、画面漂亮。

第二课　一代名僧养成攻略

——唐僧的“革命家史”

梁辰

阅读提示

同学们，上一节我们看到了取经前“霸气外露逞英豪”的齐天大圣孙悟空。在这一节，我们要一起走进另外一位主要角色——唐僧，一起来看一看他在取经之前的经历。在影视作品里，你或许看过机灵可爱的小唐僧，或许被嘴碎唠叨的唐僧逗乐，也或许被大气心善的唐僧所折服。那么在《西游记》一书里，唐僧如何登场，为何取经，他又是怎样的一个人呢？就让我们走进文本，解决这些疑惑吧！

了如指掌

请阅读文本后，在圆圈内填写姓名，在长方形内为唐僧画一幅小像，完成下面这幅人物关系图。（提示：竖线表示连线两端二人为夫妻关系，横线表示亲子关系。）

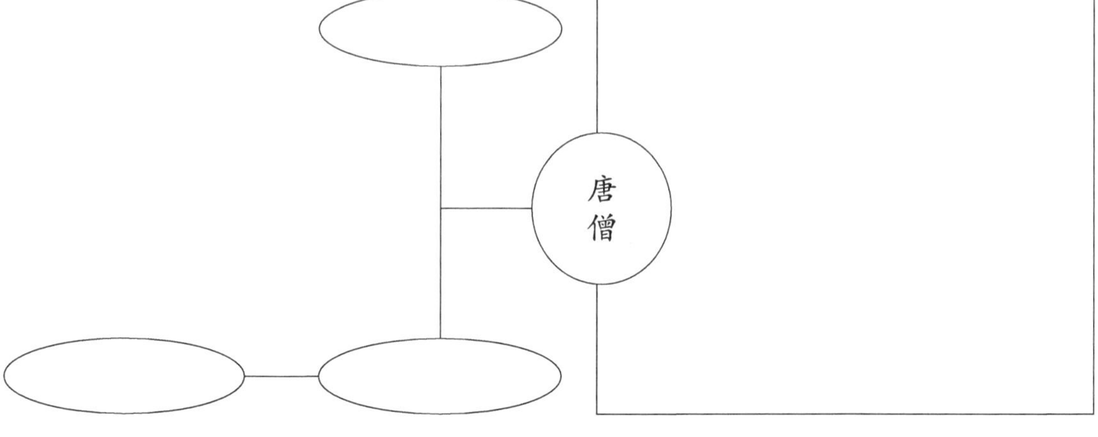

这里有一本被书虫蛀坏的小人书，请你结合本次阅读，把缺少的信息补充完整。

1. 海州有个叫________的，招贤应试中了________，跨马游街三日。

2. 丞相殷开山女儿__________抛绣球招亲，扔中陈光蕊。二人成亲，同往__________赴任。

3. 一路上晓行夜宿，到了洪江渡口，艄公刘洪起了歹意，杀了陈光蕊，霸占了满堂娇，假扮陈光蕊赴任。

4. 满堂娇忍辱负重，数月后腹痛产子。南极星君托梦，说陈光蕊__________，叫她好好看顾儿子，日后必有报仇之日！

5.满堂娇写下血书写明缘由，并将婴孩________咬下作为印记，来到江边，将婴孩绑在江中浮起的木板上，任其飘走。

6.那婴儿飘到________脚下，被法明和尚救起，取名江流儿。十八年后，摩顶受戒，取法名“________”，并得知了自己的身世之谜。

7.玄奘赴江州寻找生母，历经千辛终于得见。又至洪州寻找、安顿__________。

8.玄奘到京城寻找外公殷丞相，禀明缘由。唐帝发兵直指江州，将刘洪一干人贩绳之以法。

9.一家终于团聚，玄奘回到金山寺修行。一年，唐帝要办“__________”，选中玄奘作坛主。

10.观音化身______________赠予玄奘___________和___________。唐帝见了欣喜若狂。

11.水陆大会七日正会，观音以真身显像，丢下一帖，寻找__________之人。玄奘主动请缨。

12.唐帝大喜过望，当即决定与玄奘结拜为兄弟，称其“_________”。只待良辰吉日，发牒出行。

抽丝剥茧

你一定知道1986年版电视剧《西游记》吧？这版电视剧的片头本来想请中国佛教协会会长赵朴初先生题字，但赵先生拒绝了。理由是：他认为《西游记》中的唐僧和真实历史中的大唐高僧玄奘的形象相去甚远，担心自己题字可能会让人产生误解。那么，历史上真实的玄奘究竟与书中有何不同呢？请你阅读下面左侧的材料，适当批注，并结合文本以及右侧的提示，试着作对比。

（提示：下划线为专有名词）

真实的玄奘

我们的故事自然要从头讲起，玄奘法师什么时候出生、生在什么地方，诸如此类。不过，遗憾的是，关于玄奘出生的信息，一直是一件众说纷纭的事件。目前，大家比较认同的说法是，他于602年出生在洛州。他是书香门第出身，祖父和父亲都是才高八斗的书生，母亲也是官宦人家的大小姐，玄奘是这个家庭的第四个孩子。或者，本来故事继续讲下去，玄奘本来会读书，成为一个小官吏，过着平淡的生活，但是，偏生不幸。玄奘五岁时丧母，八岁丧父，家里一切开销都需要钱粮，捉襟见肘的日子，穷苦人家的出路还有一种——出家。十三岁时，玄奘成了一名僧人。

◇书中玄奘家境如何？因何出家？

在中国的历史上，西行取经并不是始于玄奘。这些前辈们的事迹很大程度上刺激了玄奘。直接触发玄奘西行的人，是玄奘在长安城遇到的印度僧人波罗颇密多罗。他是当时印度那烂陀寺的大佛学家戒贤的弟子。波罗颇密多罗口中的那烂陀寺和佛法让玄奘痴迷，当玄奘听说戒贤烂熟佛家经典，并且在那烂陀寺讲学，

◇书中玄奘因何西去取经？

玄奘希望西行取经的心再也抑制不住了。

不过，想要西行取经，可不像我们今天的留学那么容易。玄奘所处的唐代初期，国家刚刚稳定，但是边界上依然危机四伏，所以唐朝百姓是不允许出国的。玄奘几次申请“过所”（类似护照），都未得到批准。机会出现在629年。那一年，长安城遭遇了一场严重的大灾荒，政府允许百姓自谋出路，玄奘就这样，混在灾民的队伍中悄悄出关。从这一天开始，他踏上了一条充满未知的道路。

◇书中玄奘西去最大的阻碍是什么？和现实中差别最大的是什么？

现实中自然没有什么“想吃唐僧肉”的妖魔鬼怪，但是，玄奘一路上的遭遇也足够称得上艰难险阻、高潮迭起了。在凉州城，玄奘为僧人们说法，被当地官员得知，试图阻止他继续西行。幸而有两个小和尚愿意帮助他，在夜深人静之时，从城墙上顺下一根绳子，帮助他出城；为了躲避官兵的追捕，玄奘白天休息，晚上赶路，到了瓜州地界，开始了最为艰难的一段行程。瓜州这个地方，就是现在的新疆哈密，聪明如你一定会立刻想到沙漠，除此之外还有大风。马儿死了，只身前行的玄奘硬着头皮独自闯入八百里大漠，这是何等的勇气和信念！五天之后，断水又迷路的玄奘奇迹般地走出了沙漠。除了道路艰险，还有甜蜜的诱惑。在一个叫作高昌的国家，国王欣赏玄奘的才华和能力，想要把他留在身边。玄奘选择以绝食抗争，高昌王不得不同意他离开，并且为他准备了充足的物资。

离开长安城两年、穿越了二十多个国家之后，631年，玄奘终于到达印度国土，站到了那烂陀寺跟前。在那烂陀寺，玄奘开始了五年的学习，之后又四处游历。他见到了传说中的戒贤大师，大师也很欣赏他，对他异常器重。让玄奘声名大噪的是642年在曲女城举办的一场辩法大会，所谓辩法，就是僧人们围绕佛法展开辩论。在这场大会中，没有一个人能击败玄奘。

◇书中玄奘回大唐后做了什么？请你快速在结尾几回中查找。

玄奘始终没有忘记西行求法的初衷，是为了回到自己的国土传播正信的佛教。因为玄奘此时已经声名赫赫，所以回程路途相比去时已然顺利许多。645年正月，玄奘回到了自己心心念念的长安城。迎接他的场景盛况空前。玄宗皇帝想让玄奘还俗辅政，但是被玄奘拒绝了。他回国后，主要的精力都放在了翻译佛经上，一生共翻译经纶75部1335卷，无论是在数量上还是质量上都是惊人的。

664年，玄奘传奇的一生画下了休止符。传说当时，有百万人送葬；但玄奘法师的遗骨归葬何处，至今仍然是一个未解之谜。

醍醐灌顶

取经初期，唐僧是一个怎样的和尚呢？请你结合第十二回、第二十三回中唐僧的言行，试着分析。（先完成左侧例子，再完成右侧自主练习）

例子：

第二十三回中，四圣假扮母女，诱惑师徒四人放弃取经、娶亲还俗。唐僧先是“推聋妆哑，瞑目凝心，寂然不答”，见徒弟八戒动心，奋而怒斥道：“________________

____

____

____

______________________________________”

自主练习：

选择回目：________________________

摘录原文：________________________

____

____

____

____

____

____

你的分析：______________

____

____

____

____

由唐僧的言行，我看出唐僧是一个________

______________的和尚。

浮想联翩

我们在本节了解了书中唐僧取经之前的情况，也了解了真实的唐僧，并且分析了取经前期唐僧本人“一心向佛”的心理特征。现在请你打开脑洞，描述这样一个场景：

“唐僧和悟空初次相识，一同西行，他们会如何向对方介绍自己的经历呢……”

唐僧：	孙悟空：

第三课　取经路上的“凡夫俗子”
——猪八戒面面观

胡莹

阅读提示

《西游记》缺乏《水浒传》《三国演义》那般宏大的时代背景，也没有《红楼梦》那般深入地剖析世间百态，但这部神魔小说却在四大名著中占有一席之地，其实这是有深刻道理的。书中塑造的神魔人物看似天马行空，但其实身上都有世间之人的千姿百态。如果说孙悟空是天不怕地不怕、极具能量的超级英雄，那么猪八戒就是取经队伍中最有人性的“凡夫俗子”。今天就让我们一起走近这个身材和性格都很“丰满”的八戒吧！

了如指掌

请根据《西游记》内容，将猪八戒的人生历程填写完整。

猪八戒，又名猪刚鬣，他的前世，是镇守天河的__________，因调戏__________犯罪被贬，下凡后在__________为妖，兵器是__________。他与__________结婚，后被__________缉拿归案，观音菩萨赐名__________，唐僧赐名为__________后跟随__________西天取经。最终功德圆满，被封为“__________”一职。

抽丝剥茧

猪八戒是神、人、猪的多重结合体，他是西游记中“凡夫俗子”的典型代表。他既有神的神力，又有人的缺点，还有猪的本能。请阅读下列文本，批注猪八戒相应的性格特点。

语段一：

老高又道：“师父们既不受金银，望将这粗衣笑纳，聊表寸心。”三藏又道：“我出家人，若受了一丝之贿，千劫难修。只是把席上吃不了的饼果，带些去做干粮足矣。”八戒在旁边道：“师父、师兄，你们不要便罢，我与他家做了这几年女婿，就是挂脚粮也该三石哩。丈人啊，我的直裰，昨晚被师兄扯破了，与我一件青锦袈裟，鞋子绽了，与我一双好新鞋子。”高老闻言，不敢不与，随买一双新鞋，将一领褊衫，换下旧时衣物。

——第十九回《云栈洞悟空收八戒，浮屠山玄奘受心经》

此处展现了猪八戒________的性格特点。

语段二：

满堂中银烛辉煌，这呆子朝上礼拜，拜毕。道：“娘，你把那个姐姐配我哩？”他丈母道：“我要把大女儿配你，恐二女儿怪；要把二女儿配你，恐三女怪；欲将三女配你，又恐大女怪；所以终疑未定。”八戒道：“既怕相争，都与我罢；省得闹闹吵吵，乱了家法。”他丈母道：“岂有此理！你一人就占我三个女儿不成！”八戒道：“你看娘说的话，那个没有三宫六院？就再多几个，你女婿也笑纳了。”

——第二十三回《三藏不忘本，四圣试禅心》

此处展现了猪八戒________的性格特点。

语段三：

他三人将三个果各各受用。那八戒食肠大，口又大，一则是听见童子吃时，便觉馋虫拱动，却才见了果子，拿过来，张开口，毂辘的囫囵吞咽下肚，却白着眼胡赖，向行者、沙僧道：“你两个吃的是甚么？”沙僧道：“人参果。”八戒道：“甚么味道？”行者道：“悟净，不要睬他！你倒先吃了，又来问谁？”八

此处展现了猪八戒________的性格特点。

戒道："哥哥，吃的忙了些，不象你们细嚼细咽，尝出些滋味。我也不知有核无核，就吞下去了。哥啊，为人为彻。已经调动我这馋虫，再去弄个儿来，老猪细细地吃吃。"

——第二十四回《万寿山大仙留故友，五庄观行者窃人参》

猪八戒虽然面相丑陋，且有同学们批注的________、________、________等缺点，但他却并不令人讨厌，因为他的性格也有闪光点，比如虽九齿钉耙在手，与孙悟空斗战，一听唐僧是菩萨交代要等的取经人，立即甘心下跪、磕头、被缚，展现了猪八戒憨厚的一面。请你精读第十八回和第十九回，摘抄相应语段，赏析猪八戒性格中的优点。

我摘录的语段是：

____

____

____

____

____

____

____

____

____

此处展现了猪八戒________________的优点。

醍醐灌顶

一家杂志曾以《西游记》中的四位主人公为对象作了一次问卷调查，结果出乎人的意料——有80%的女子乐意嫁给猪八戒，10%的女子想嫁给唐僧，只有不足2%的女子愿意嫁给孙悟空。贪吃、贪睡、贪色、贪财、自私自利、常闹散伙、本事平平、长相奇丑的猪八戒，为何成了女性眼中“最可爱的人”？请结合《西游记》一书的内容，给猪八戒一个全面的评价。

浮想联翩

猪八戒在高老庄娶妻的经历令他回味无穷，每次在团队濒临散伙时，他都把“重回高老庄”作为自己的口头禅，然而这段经历对高家小姐翠兰来说却并不美好，请你从猪八戒和高翠兰两人中任选一个角色，用第一人称讲述猪八戒从调戏嫦娥被贬到跟随唐僧取经、离开高老庄的这段经历，用下面的评分表打分，看看谁的故事最精彩。

符合人物身份：☆☆☆☆☆

语言流畅：☆☆☆☆☆

情节精彩：☆☆☆☆☆

声音：☆☆☆☆☆

肢体：☆☆☆☆☆

第四课　最华丽的低调

——闷葫芦沙僧

陈冉冉

了如指掌

探寻沙僧的前世今生

法　　名		排　　行	
曾用姓名		老　　家	
原任职务		武　　器	
被封成仙		配　　饰	
宗教信仰		主要事件	

自唐僧踏上取经路，便遇到了各种艰难险阻，幸有佛祖与观音为其点化四徒弟，护他平安向西行。回忆猪八戒和沙僧走上取经路的经历，说说有何相同之处。

抽丝剥茧

透过颜值看本领

文段一：

菩萨正然点看，只见那河中，泼刺一声响亮，水波里跳出一个妖魔来，十分丑恶。他生得：

青不青，黑不黑，晦气色脸；长不长，短不短，赤脚筋躯。眼光闪烁，好似灶底双灯；口角丫叉．就如屠家火钵。獠牙撑剑刃，红发乱蓬松。一声叱咤如雷吼，两脚奔波似滚风。

文段二：

师徒们正看碑文，只听得那浪涌如山波翻若岭，河当中滑辣地钻出一个妖精，十分凶丑：

一头红焰发蓬松，两只眼睛亮似灯。不黑不青蓝靛脸，如雷如鼓老龙声。身披一领鹅黄氅，腰束双攒露白藤。项下骷髅悬九个，手持宝杖甚峥嵘。

1. 这段文字描述的是观音菩萨和唐僧见到他的时候的形象，他是__________，本段语言运用的人物描写方法是__________。

2. 我认为他的颜值可评☆☆☆☆☆（填涂），战斗力可评☆☆☆☆☆（填涂），

__________☆☆☆☆☆ __________☆☆☆☆☆

请你任选一个谈理由。

____

____

____

醍醐灌顶

2012年央视春晚上，相声演员曹云金和刘云天表演的相声《奋斗》中，说到《西游记》时，有这么一段台词：

曹云金：西游记台词我熟，尤其是沙悟净的台词

刘云天：哦~~沙和尚

曹云金：哎，当然台词也不多

刘云天：是吗？

曹云金：就这么几句

刘云天：您说说

曹云金：大师兄，师傅让妖精抓走了

刘云天：霍

曹云金：大师兄，二师兄让妖精抓走了

刘云天：哎哟哟~~

曹云金：大师兄

刘云天：恩

曹云金：师傅和二师兄让妖精抓走了。

刘云天：霍，全抓走了

曹云金：没什么词儿，还有这么几句

刘云天：啊

曹云金：师傅，大师兄说得对呀

刘云天：恩

曹云金：师傅，二师兄说得对呀

曹云金：师傅，大师兄和二师兄说得对呀

曹云金：大师兄，师傅说得对呀

曹云金：大师兄，二师兄说得对呀

曹云金：大师兄，师傅和二师兄说得对呀

刘云天：好嘛~~

曹云金：没有了，再也没说过别的了

刘云天：是没了

刘云天：哎

曹云金：大师兄

刘云天：啊

曹云金：我让妖精抓走了

曹云金：哦还有，还有最后一句

刘云天：哦哦哦

曹云金：放心吧师傅，大师兄会来救咱们的

刘云天：嘿！好~~这也算呐？

1.从这段台词中，你读出的沙僧经常说的话有哪几句？请你用曲线在文中画出来。

2.从对沙僧的语言概括中感受沙僧在曹云金心中是什么形象？你同意吗？

浮想联翩

1.电视剧《西游记》的主题曲《敢问路在何方》中有一句歌词这么唱道："你挑着担，我牵着马，迎来日出，送走晚霞……"我们知道歌词中所说的"担子"就是指沙僧在取经路上一直都挑在肩上的那两个筐，因此不禁有人猜想：沙僧的担子里装了啥？你来猜一猜。

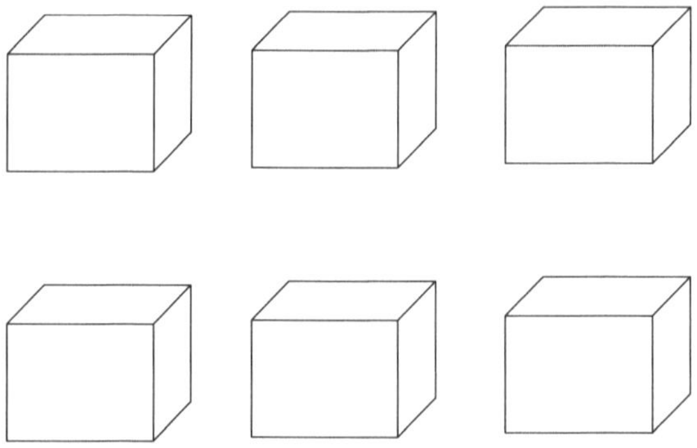

2. 沙僧在取经路中，偶见招聘会，便前去参加，你作为前台咨询员，会建议他去哪些行业应聘？（提示：保险、教师、保镖、会计……）

第二单元　“西游”小咖秀

第五课　瞧这一家子

——牛魔王的妖魔家族

李超华

阅读提示

在唐僧师徒西天取经的诸多磨难中，有一些磨难是由一个家族的成员先后制造的，他们虽以魔的形象出现，却有着完整的人的家庭甚至人情世故，其故事情节在《西游记》中占据了相当的回目。

你知道这是哪个家族吗？

你能说说这个家族的成员都有谁吗？

你知道《西游记》中与他们有关的故事吗？

你有没有思考过这个家族所体现的更深层的意义呢？

让我们一起在阅读中去发现吧！

囫囵吞枣知情节

1.请你用简洁的语言分别概括第四十至四十三回、第五十三回、第五十九至六十一回中牛魔王家族与唐僧师徒之间发生了怎样的故事。

第四十至四十三回：____

____

第五十三回：____

第五十九至六十一回：______________________________________

____

这三次磨难有没有内在的联系？请你简单说一说。

____

____

____

2. 根据你的阅读，完成牛魔王家族的人物关系图表。要求：在方框中填入名字，在连接线上填入两人之间的关系

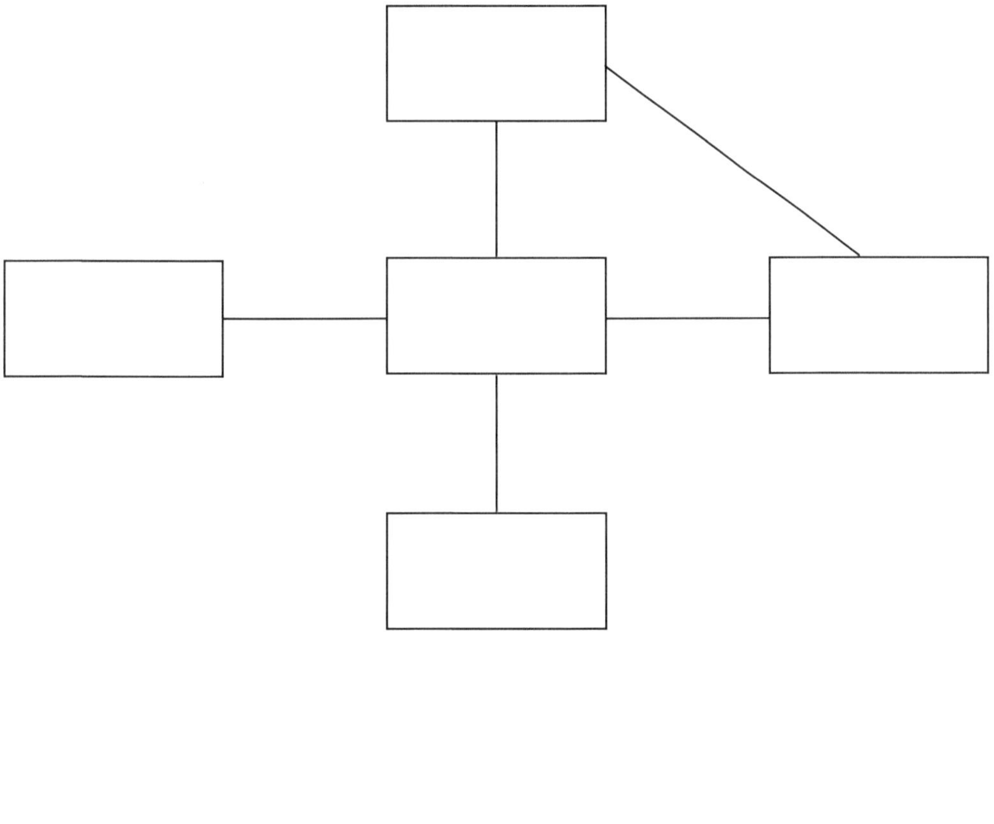

3. 制作牛魔王家族成员名片

姓名	别名	年龄	住址	武器	本领/坐骑	结果
牛魔王						
铁扇公主						
红孩儿						
如意真仙						
玉面狐狸						

4.《西游记》中有很多以假乱真的情节，比如六耳猕猴变作假悟空等。在唐僧师徒与牛魔王家族相遇的这几回中，这样以假乱真的情节出现了很多次，你能说说吗？

细品慢嚼话人物

牛魔王是这个家族的核心人物，从下面的叙述中你可以看出牛魔王有怎样的特征呢？

1.从外貌看牛魔王：

每一个人物乃至各类妖魔鬼怪都有着区别于他人的体貌特征，而这些特征也反映出它的身份、地位甚至个性特点。比如以牛魔王与黑风山黑熊精进行比较，《西游记》第六十回中这样描述牛魔王：

好魔王，拽开步，出了书房，上大厅取了披挂，结束了，拿了一条混铁棍，出门高叫道：“是谁人在我这里无状？”行者在旁，见他那模样，与五百年前又大不同，只见：头上戴一顶水磨银亮熟铁盔，身上贯一副绒穿锦绣黄金甲，足下踏一双卷尖粉底麂皮靴，腰间束一条攒丝三股狮蛮带。一双眼光如明镜，两道眉艳似红霓。口若血盆，齿排铜板。吼声响震山神怕，行动威风恶鬼慌。四海有名称混世，西方大力号魔王。

第十七回中这样描写黑熊精：

这行者闪在门外，执着铁棒，睁睛观看，只见那怪果生得凶险：碗子铁盔火漆光，乌金铠甲亮辉煌。皂罗袍罩风兜袖，黑绿丝绦軃穗长。手执黑缨枪一杆，足踏乌皮靴一双。眼幌金睛如掣电，正是山中黑风王。

从与黑熊精的对比中你能看出牛魔王有什么特点呢？

2.从名号看牛魔王：

知识小贴士

名号不能被忽视，名号上的不同代表的是门类的不同，对于人物而言起到了区别他人的作用。这也是《西游记》中妖魔鬼怪系统里分门别类的标志，体现了我国古代神怪文化的发展。就名称而论，“怪”“精”“魔”是《西游记》中最多的妖怪门类。

第一类为“怪”，俗称就是“妖怪”，多与妖合而统称。意为不同之类，众生中无论人鱼鸟兽，异于寻常之物皆为“怪”。

第二类为“精”，中国古代相关作品均提及天地万物皆有灵性，吸收天地之气而成精。

第三类的“魔”也称“魔王”，印度梵语为魔罗。佛教对“魔”的概括不仅是修炼后本体形态和能力上的强大，重要的是心智上能够使佛法者烦恼心乱，从而对其修行进行阻碍破坏。

你能试着从《西游记》中给每一类举两个例子吗？从牛魔王的名号中你又对牛魔王有了怎样的认识呢？

3.从斗法看牛魔王：

牛魔王与孙悟空变化斗法阶段，是牛魔王法术变化的主要展现。《西游记》中对这一段的描述是十分具体的：

这大圣收了金箍棒，捻诀念咒，摇身一变，变作一个海东青，飕的一翅，钻在云眼里，倒飞下来，落在天鹅身上，抱住颈项嗛眼。那牛王也知是孙行者变化，急忙抖抖翅，变作一只黄鹰，返来嗛海东青。行者又变作一个乌凤，专一赶黄鹰。牛王识得，又变作一只白鹤，长唳一声，向南飞去。行者立定，抖抖翎毛，又变作一只丹凤，高鸣一声。那白鹤见凤是鸟王，诸禽不敢妄动，刷的一翅，淬下山崖，将身一变，变作一只香獐，乜乜些些，在崖前吃草。行者认得，也就落下翅来，变作一只饿虎，剪尾跑蹄，要来赶獐作食。魔王慌了手脚，又变作一只金钱花斑的大豹，要伤饿虎。行者见了，迎着风，把头一幌，又变作一只金眼狻猊，声如霹雳，铁额铜头，复转身要食大豹。牛王着了急，又变作一个人熊，放开脚，就来擒那狻猊。行者打个滚，就变作一只赖象，鼻似长蛇，牙如竹笋，撒开鼻子，要去卷那人熊。

（1）孙悟空和牛魔王通过六次变化来斗法，你看出他们是怎样斗法的了吗？

牛魔王：

孙悟空：

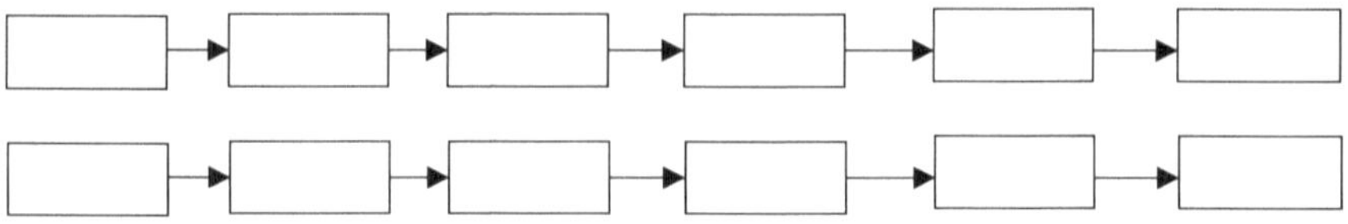

你发现这一情节与《西游记》中哪个情节有着异曲同工之妙？

（2）从飞禽到走兽、从温顺到凶恶，可以看出牛魔王的什么特点呢？

（3）你知道牛魔王最后是怎样被降服的吗？从中你又发现了怎样的牛魔王呢？

反刍回味悟深意

在《西游记》中，妖魔鬼怪处处可见，但独有牛魔王的家庭用了诸多笔墨来表现，细细回味，我们可以从中看到中国传统的家族礼教关系。

知识小贴士

1.妻妾关系：

《大明律》规定：凡以妻为妾者，杖一百。妻在，以妾为妻者，杖九十，并改正。若有妻更娶者，亦杖九十，离异。其民年四十以上无子者，方许娶。

明末清初人李渔对妻妾关系这样说：

至于姬妾婢媵，又与正室不同。娶妻如买田庄，非五谷不殖，非桑麻不树，稍涉游观之物，即拔而去之，以其为衣食所出，地力有限，不能旁及其他也。买姬妾如治园圃，结子之花亦种，不结子之花亦种；成荫之树亦栽，不成荫之树亦栽，以其原为娱情而设，所重在耳目，则口腹有时而轻，不能顾名兼顾实也。

2.父子关系：

儒家文化对于父子之礼历来极为重视，《论语·颜渊》：“齐景公问政于孔子。孔子对曰：‘君君、臣臣、父父、子子。’”《孟子·滕文公上》：“使契为司徒，教以人伦：父子有亲，君臣有义，夫妇有别，长幼有序，朋友有信。”由此到后来出现三纲五常，父子关系可以说是有着非常森严甚至苛刻的礼节规范的。

3.兄弟关系：

从古至今，中国兄弟之间的伦理在于长幼有序。较父子和夫妻关系而言，兄弟之间的规矩较少，但作为弟弟对兄长尊重恭敬是必须的。

联系《西游记》中的情节，结合上面的小知识，你能说说牛魔王和罗刹女之间的夫妻之情、牛魔王和红孩儿之间的父子之情、牛魔王和如意真仙之间的兄弟之情吗？请你完成下面的表格。

类别	记录重点段落或摘抄关键语句	特点
夫妻关系		
父子关系		
兄弟关系		

活动

想一想，《西游记》当中还有什么妖魔家族？来和我们分享一下吧。

第六课　一个“小妖”的回忆录

——我眼中的铁扇公主

郝英婕

阅读提示

我住在翠云山，我是个“小妖”。其实，我不是，我只是个修道的女童。

在外人看来，我家大王是大妖怪，因此，我就是跑前跑后的小妖怪。我家主人是铁扇公主，自从嫁给了大王，往往被后世的人认作是妖怪，蛮横凶狠，甚至后世有人这么评价我家公主——“裙钗本是修成怪，为子怀仇恨泼猴”。

可是，我为公主感到冤屈……

冤屈一：妖哉？人哉？仙哉？

我翻了翻后世很有名的《西游记》，第五十九回到六十一回讲述了我家公主和那齐天大圣的恩怨情仇，我觉得很多不明真相的人误解了我家公主。不信，请诸位看官也根据这几回先填填下面的名册。

铁扇公主名册			
外文名		法宝	
别名		兵器	
国籍		居住地	
民族		配偶	
出生地		儿子	
信仰		情敌	

关于是否为“妖”：

大王这样说——（第六十回）

樵子这样说——（第五十九回）

公主这样说——（第六十一回）

冤屈二：强行“借”扇，无故受辱

世间流传孙悟空多么神勇，绝妙无双，打败了大王和公主，“借”走了芭蕉扇，可是在我看来，公主也是经受了莫大的冤屈。

这扇子对于公主来说，不仅是打斗时候的宝贝，还是用以生计的宝贝，因为四方百姓每十年拜求一度，供奉“__________，__________，__________，__________”（第五十九回）来供养我们芭蕉洞。

自从我家小主子圣婴大王，被观音菩萨带走做了善财童子，我家公主就再也没能见到他，整日愁眉不展。但是那天，我提着花篮，担着锄子，刚开洞门，就看见一个自称是东土来的和尚，说是取经路上遇到火焰山，想借我家公主的宝贝一用，要我通报一下。

可谁知，这一通报，惹得公主勃然大怒，那恶狠狠的样子，我从来没有见过。于是，就发生了这么一幕幕……

1.公主听闻孙悟空拜见，怒从胆边生。

2.

3

4.______________________

5.公主不得已将假扇借给他。

请结合【一调芭蕉扇】的内容补充完整横线内容。

我知道，这一次公主是迫不得已，她总认为，“____________”，尚未报得；“__________”，岂能如心。(第五十九回)

谁知道第二次来“借”扇，孙悟空却变成了____________，虚情假意，与公主相陪、相笑、相依、相偎，公主难得露出了笑容。酒酣之际，那孙悟空哄着公主拿出了芭蕉扇，说出了使用的方法——“只将____________________，念一声‘______________________’，即长一丈二尺长短。”孙悟空马上露出了本相，还羞辱公主“缠了这许多丑勾当”。公主心慌羞愧，跌坐在地上，捶胸呼号。

后来大王回来了，设计骗回了芭蕉扇。可是，灾难才刚刚开始。

孙悟空哪肯罢休，忽然间洞门门筑都被打坏了，大王对公主说：“你且坐着，等我再和他比拼去来。”可是，再也没有回来。后来，我才知道，不知怎的，很多金刚佛陀神仙一涌而来，将大王打回了原形，公主为救大王性命，才交出了芭蕉扇。家破人亡，何其之惨！

冤屈三：蛮横凶狠？不讲情理？

总有一些望文生义的人，因铁扇公主名叫“罗刹女”，就认为她相貌像恶鬼一样，性格也是狠厉得吓人，蛮横凶狠又不讲情理。我却不这么认为。虽然我修道时间还短，但也是粗通世事，列出书中种种细节来，也请诸位评判一二。

【一】

那罗刹听见孙悟空三字，便似撮盐入火，火上浇油。骨都都红生脸上，恶狠狠怒发心头。口中骂道：“这泼猴！今日来了！”叫：“丫鬟，取披挂，拿兵器来！”随即取了披挂，拿两口青锋宝剑，整束出来。

【二】

罗刹道：“我儿是号山枯松涧火云洞圣婴大王红孩儿，被你倾了。我们正没处寻你报仇，你今上门纳命，我肯饶你！”

……

罗刹道：“你这个巧嘴的泼猴！我那儿虽不伤命，再怎生得到我的跟前，几时能见一面？”

【三】

那女子一见是孙行者，慌得推倒桌席，跌落尘埃，羞愧无比，只叫“气杀我也！气杀我也！”

【四】

牛王方跑进去，喘嘘嘘的，正告诉罗刹女与孙行者夺扇子赌斗之事，闻报心中大怒，就口中吐出扇子，递与罗刹女。罗刹女接扇在手，满眼垂泪道：“大王！把这扇子送与那猢狲，教他退兵去罢。”牛王道：“夫人啊，物虽小而恨则深。你且坐着，等我再和他比并去来。”

【五】

老牛叫道：“夫人，将扇子出来，救我性命！”罗刹听叫，急卸了钗环，脱了色服，挽青丝如道姑，穿缟素似比丘，双手捧那柄丈二长短的芭蕉扇子，走出门，又见有金刚众圣与天王父子，慌忙跪在地下，磕头礼拜道："望菩萨饶我夫妻之命，愿将此扇奉承孙叔叔成功去也！

【六】

樵子道："正是正是，这圣贤有这件宝贝，善能熄火，保护那方人家，故此称为铁扇仙。我这里人家用不着他，只知他叫做罗刹女，乃大力牛魔王妻也。"

请诸位看官评评理，我家公主到底是不是一个蛮横凶狠又不讲情理的人？

（提示：对百姓、儿子、丈夫、孙悟空、玉面狐狸）

对百姓：	对儿子：	对丈夫：	对仇敌：

综上所述，我认为：

悟空有话要说

铁扇公主家破人亡，过本不在我。红孩儿被观音带走做了善财童子，牛魔王被众神佛带走，铁扇公主最终落得家破人亡，其一缘于______________________；其二缘于______________________________________；其三缘于________________________________。（请你结合下列文本表明悟空的态度）。

万言千语道不尽，众位列官请细看：

【一】

“嫂嫂原来不察理，错怪了老孙。**你令郎因是捉了师父，要蒸要煮，幸亏了观音菩萨收他去，救出我师**。他如今现在菩萨处做善财童子，实受了菩萨正果，不生不灭，不垢不净，与天地同寿，日月同庚。你倒不谢老孙保命之恩，返怪老孙，是何道理！”

【二】

行者虽然生狠怒，**因师路阻让娥流。先言拜借芭蕉扇，不展骁雄耐性柔。**罗刹无知轮剑砍，猴王有意说亲由。

【三】

只见那火焰山土地，帅领阴兵，当面挡住道：“大力王，且住手。**唐三藏西天取经，无神不保，无天不佑，三界通知，十方拥护。**快将芭蕉扇来　息火焰，教他无灾无障，早过山去；不然，上天责你罪愆，定遭诛也。”牛王道：“你这土地，全不察理！那泼猴夺我子，欺我妾，骗我妻，番番无道，我恨不得囫囵吞他下肚，化作大便喂狗，怎么肯将宝贝借他！”

【四】

罗刹再拜道：“大圣原说扇息了火还我。**今此一场，诚悔之晚矣。**只因不倜傥，致令劳师动众。我等也修成人道，只是未归正果。见今真身现象归西，我再不敢妄作。愿赐本扇，从立自新，修身养命去也。”

活动

同学们，你作为《西游记》资深读者，你更同意谁的立场和观点？（在合适的选项上打√）

※ “小妖”（　）　　悟空（　）

原因：____

____

____

第七课　花妖狐怪，牛鬼蛇神

——“西游”群魔传

王雪梅

阅读提示

除了大家熟知的白骨精、铁扇公主、牛魔王、红孩儿等妖魔，《西游记》这个大舞台上还活跃着大大小小近百个妖魔鬼怪。作者以诡异的想象、极度的夸张，突破时空，突破生死，突破神、人、物的界限，创造了一个光怪陆离、神异奇幻的境界。对你来说，读完《西游记》给你留下深刻印象的还有哪些妖魔？它们给师徒四人的取经大业带来了怎样的阻碍？作者又是如何通过众妖魔的描绘、揭露和批判丑恶现实的？

畅所欲言谈妖魔

读完《西游记》给你留下深刻印象的还有哪些妖魔？它们给师徒四人的取经大业带来了怎样的阻碍？请列出不少于八个。

表述要求：说清地点、妖怪名、做了什么事、妖怪结局。

地点	妖怪名	做了什么事	结局

地点	妖怪名	做了什么事	结局

精心梳理写简历

设计“妖魔鬼怪”简历（精选一位；内容含肖像配图、地址、姓名、经历、身份等信息）

师徒四人写状书

这些妖魔鬼怪把好好的西天取经计划搅和得“稀碎”，请你替师徒四人编写“状书”。（精选两位）

示例：枯松涧火云洞的红孩儿怪，把一伙山神土地搞得“一个个衣不充身，食不充口”，还要拿他们去“烧火顶门”“提铃喝号”，又怂恿小妖儿“讨什么常例钱”，“若是没物相送，就要来拆庙宇，剥衣裳”（第四十回），其敲诈、勒索的残酷情形，可谓触目惊心。

思考比较找联系—— 小组活动

思考一：通过对各路妖魔鬼怪出现的回目、妖名、事件、结局等内容的梳理，大家比较一下，能否发现这其中的联系或不同点，请你们商讨后写出几条结论。

思考二：满布在西天取经路上形形色色的妖魔鬼怪，有以美色勾引的，有以金钱王位诱惑的，还有以各种各样幻术迷惑的，这就跟释迦牟尼当年在菩提树下苦苦修行时的情景差不多。作者着力刻画众妖魔给师徒四人取经大业造成的巨大阻力，你觉得有什么意义呢？

思考三：通过梳理，我们也不难看出不同身份的“妖魔鬼怪”，结局是不同的，据此你来推测一下作者这样编写又是为何？

第八课　小神仙的“没好”生活

——《西游记》中的土地山神

崔维达

阅读提示

在《西游记》中，有很多本领高强、智谋过人的天神天将。他们受人敬仰膜拜，也让妖魔忌惮惧怕。而有一类神仙，辛苦劳累仍不被重视，位列仙班却被常被欺辱，让人不禁感叹：原来神仙的日子有美好也有“没好”！然而这个弱小的群体，却在西天取经之路上，刷爆存在感。他们就是土地山神。下面，就让我们一起走进他们的世界，感受一下夹缝求生的伤与痛、左右逢源的苦与累……

孙悟空的私人助理

在西天取经的路上，土地山神的出场次数非常高，仅次于取经团队。但是土地公俨然成了孙悟空的“私人助理”，每当妖怪来历不明或是周围环境不熟悉的时候，孙悟空就立马召唤土地神。面对心急火燎、态度不好的孙悟空，土地神每次都只能笑面应对，然后恭恭敬敬地把收集好的情报奉上。

回顾情节，完成下列表格，看看土地山神们被悟空折腾的缘由。

出现章回	地点	被唤原因
24回	五庄观	孙悟空偷摘人参果，结果人参果落地便消失。以为是土地神偷去了，就把土地神叫出来审问。
27回	山林中	白骨精三番戏弄唐僧，孙悟空想让土地神替他作证。

被妖精欺辱的日子

被孙悟空随时召唤也就算了，毕竟人家当年也是齐天大圣。可是被妖精呼来喝去就显得格外悲情了，好歹也算神仙！可生活就是这么不易，美好的职业也有“没好”的生活……

【一】

却说那大圣被魔使法压住在山根之下，遇苦思三藏，逢灾念圣僧，厉声叫道：“师父啊！想当时你到两界山，揭了压帖，老孙脱了大难，秉教沙门，感菩萨赐与法旨，我和你同住同修，同缘同相，同见同知，乍想到了此处，遭逢魔障，又被他遣山压了。可怜！可怜！你死该当，只难为沙僧八戒与那小龙化马一场！这正是树大招风风撼树，人为名高名丧人！”叹罢，那珠泪如雨。

早惊了山神土地与五方揭谛神众，会金头揭谛道：“这山是谁的？”土地道：“是我们的。”“你山下压的是谁？”土地道：“不知是谁。”揭谛道：“你等原来不知。这压的是五百年前大闹天宫的齐天大圣孙悟空行者，如今皈依正果，跟唐僧做了徒弟。你怎么把山借与妖魔压他？你们是死了。他若有一日脱身出来，他肯饶你！就是从轻，土地也问个摆站，山神也问个充军，我们也领个大不应是。”那山神、土地才怕道：“委实不知不知，只听得那魔头念起遣山咒法，我们就把山移将来了，谁晓得是孙大圣？”揭谛道：“你且休怕，律上有云，不知者不坐。我与你计较，放他出来，不要教他动手打你们。”土地道：“就没理了，既放出来又打？”揭谛道：“你不知，他有一条如意金箍棒，十分利害：打着的就死，挽着的就伤。磕一磕儿筋断，擦一擦儿皮塌哩！”

那土地山神，心中恐惧，与五方揭谛商议了，却来到三山门外叫道：“大圣！山神土地五方揭谛来见。”好行者，他虎瘦雄心还在，自然的气象昂昂，声音朗朗道：“见我怎的？”土地道：“告大圣得知，遣开山，请大圣出来，赦小神不恭之罪。”行者道：“遣开山，不打你。”喝声“起去！”就如官府发放一般。那众神念动真言咒语，把山仍遣归本位，放起行者。行者跳将起来，抖抖土，束束裙，耳后掣出棒来，叫山神土地：“都伸过孤拐来，每人先打两下，与老孙散散闷！”众神大惊道：“刚才大圣已吩咐，恕我等之罪，怎么出来就变了言语要打？”行者道：“好土地！好山神！你倒不怕老孙，却怕妖怪！”土地道：“那魔神通广大，法术高强，念动真言咒语，拘唤我等在他洞里，一日一个轮流当值哩！”

行者听见当值二字，却也心惊，仰面朝天，高声大叫道：“苍天！苍天！自那混沌初分，天开地辟，花果山生了我，我也曾遍访明师，传授长生秘诀。想我那随风变化，伏虎降龙，大闹天宫，名称大圣，更不曾把山神、土地欺心使唤。今日这个妖魔无状，怎敢把山神、土地唤为奴仆，替他轮流当值？天啊！既生老孙，怎么又生此辈？”

那大圣正感叹间，又见山凹里霞光焰焰而来，行者道："山神土地，你既在这洞中当值，那放光的是甚物件？"土地道："那是妖魔的宝贝放光，想是有妖精拿宝贝来降你。"行者道："这个却好耍子儿啊！我且问你，他这洞中有甚人与他相往？"土地道："他爱的是烧丹炼药，喜的是全真道人。"行者道："怪道他变个老道士，把我师父骗去了。既这等，你都且记打，回去罢，等老孙自家拿他。"那众神俱腾空而散。

1.以上引文出自《西游记》第__________回。

2.山神土地口中的"魔神"有两位，他们是__________和__________，他们各自拥有的宝贝是__________、__________。

3.在妖魔的威逼利诱下，土地山神的境遇是怎么的呢？

4.你还知道土地山神们被哪些妖魔迫害的经历？

偶尔一次的扬威

在《西游记》中，几乎所有的土地山神都是老实本分的，他们没有胆量去招惹妖魔鬼怪。然而在三借芭蕉扇和剿灭牛魔王的行动中，火焰山的土地神不仅出谋划策，还亲自参加了战斗，让人为之震惊。

【一】

师徒们正自胡谈乱讲，只听得有人叫道："大圣不须烦恼，且来吃些斋饭再议。"

四众回看时，见一老人，身披飘风氅，头顶偃月冠，手持龙头杖，足踏铁幼靴，后带着一个雕嘴鱼腮鬼，鬼头上顶着一个铜盆，盆内有些蒸饼糕糜，黄粮米饭，在于西路下躬身道："我本是火焰山土地，知大圣保护圣僧，不能前进，特献一斋。"行者道："吃斋小可，这火光几时灭得，让我师父过去？"土地道："要灭火光，须求罗刹女借芭蕉扇。"行者去路旁拾起扇子道："这不是？那火光越扇越着，何也？"土地看了，笑道："此扇不是真的，被他哄了。"行者道："如何方得真的？"那土地又控背躬身微微笑道："若还要借真蕉扇，须是寻求大力王。"毕竟不知大力王有甚缘故，且听下回分解。

【二】

土地说："大力王即牛魔王也。"行者道："这山本是牛魔王放的火，假名火焰山？"土地道："不是不是，大圣若肯赦小神之罪，方敢直言。"行者道："你有何罪？直说无妨。"土地道："这火原是大圣放的。"行者怒道："我在那里，你这等乱谈！我可是放火之辈？"土地道："是你也认不得我了。此间原无这座山，因大圣五百年前大闹天宫时，被显圣擒了，压赴老君，将大圣安于八卦炉内，煅炼之后开鼎，被你蹬倒丹炉，落了几个砖来，内有余火，到此处化为火焰山。我本是兜率宫守炉的道人，当被老君怪我失守，降下此间，就做了火焰山土地也。"猪八戒闻言恨道："怪道你这等打扮！原来是道士变的土地！"

行者半信不信道："你且说，早寻大力王何故？"土地道："大力王乃罗刹女丈夫。他这向撇了罗刹，现在积雷山摩云洞。有个万岁狐王，那狐王死了，遗下一个女儿，叫做玉面公主。那公主有百万家私，无人掌管，二年前，访着牛魔王神通广大，情愿倒陪家私，招赘为夫。那牛王弃了罗刹，久不回顾。若大圣寻着牛王，拜求来此，方借得真扇。一则扇息火焰，可保师父前进；二来永除火患，可保此地生灵；三者赦我归天，回缴老君法旨。"行者道："积雷山坐落何处？到彼有多少程途？”土地道：“在正南方。此间到彼，有三千余里。”行者闻言，即吩咐沙僧、八戒保护师父，又教土地，陪伴勿回，随即忽的一声，渺然不见。

【三】

只见那火焰山土地，帅领阴兵，当面挡住道：“大力王，且住手，唐三藏西天取经，无神不保，无天不佑，三界通知，十方拥护。快将芭蕉扇来搧息火焰，教他无灾无障，早过山去；不然，上天责你罪愆，定遭诛也。”牛王道：“你这土地，全不察理！那泼猴夺我子，欺我妾，骗我妻，番番无道，我恨不得囫囵吞他下肚，化作大便喂狗，怎么肯将宝贝借他！”

1.根据所给材料，试分析火焰山土地神的形象。

外貌	
来历	
性格	

2.文段一中，土地神说：“若还要借真蕉扇，须是寻求大力王。”试分析原因。

3. 为何火焰山的土地神不同于以往唯唯诺诺的土地神形象？试分析原因。

活动

微信群

为方便土地山神彼此之间的联系，也为了更好地为取经之路提供消息，孙悟空决定建立一个土地山神微信群，一共27位。请你按照地名帮助他们修改备注。如：蟠桃园——土地神

群主一 孙悟空						

第三单元　“西游”大串烧

第九课　《西游记》与“五行”

杨鑫蕊

阅读提示

阴阳五行认为，人的性格、能力、命运是有差异的，而这些差异主要是因为人的五行属性不同。在五行学说看来，事物之间的联系，其规律就是金、木、水、火、土的相生相克。方位、味道、脏腑、声音、季节、颜色、感官、人事等，无不可以划入五行范畴。

《西游记》最终是“五圣成真”，阴阳五行有句话，叫作“五行合，能成佛；五行分，能败身”，读完了整部《西游记》的你，快来当个小小侦探，找一找书中运用五行学说解读西游人物与事件的地方吧！

解密五行

《西游记》第二十四回选摘：

行者道：“有甚出处？”土地道：“这宝贝三千年一开花，三千年一结果，再三千年方得成熟。短头一万年，只结得三十个。有缘的，闻一闻，就活三百六十岁；吃一个，就活四万七千年。却是只与五行相畏。”行者道：“怎么与五行相畏？”土地道：“这果子遇金而落，遇木而枯，遇水而化，遇火而焦，遇土而入。”

孙悟空、猪八戒要吃人参果，却摘不得法。
根据土地老儿的提示，你来帮他们想想办法！
用文字或图画解说均可。

想要吃到人参果应颇费一番功夫，这恰恰融合了中国古人五行学说之法。五行之间相生相克，你能根据下面这幅图破解五行相生相克之秘吗？

（依据箭头标识在其上填写相生或相克关系）

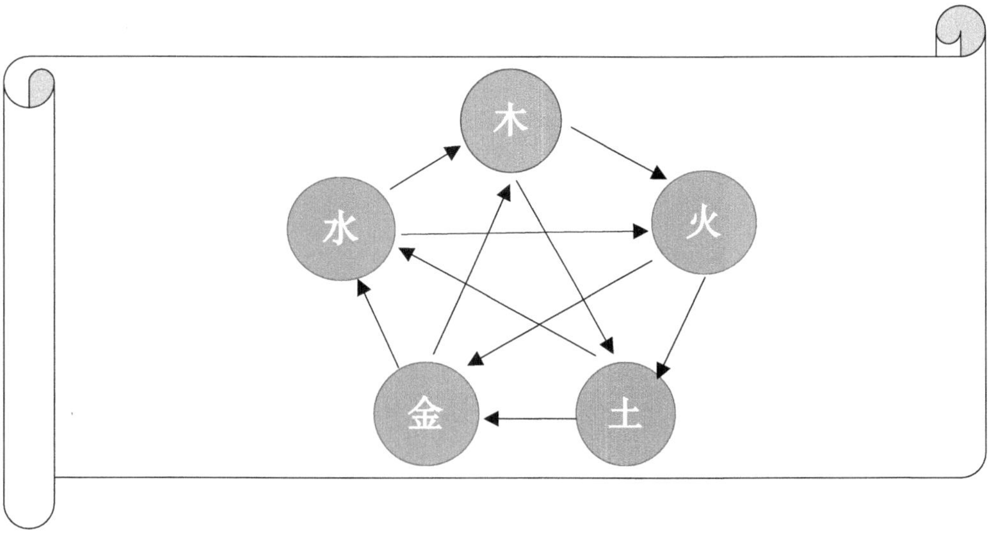

孙悟空与猪八戒的五行揭秘

《西游记》第十三、十四回选摘：

第十三回：唐三藏离开长安，前往西天取经“正是那季秋天气”，数日到了巩州城。

第十八回：唐三藏和悟空路过高老庄“正是那春融时节”，悟空与当时尚为妖怪的悟能战了一夜。

唐三藏的三徒弟应和了五行中的哪一属性？
让我们随着他们被降服的季节线索走上一遭吧！
请你把孙悟空和猪八戒的属性写在下面。

五行	木	火	土	金	水
五季	春	夏	长夏	秋	冬

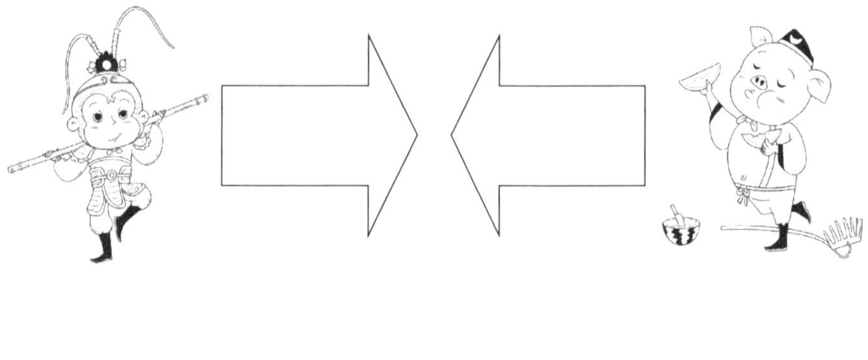

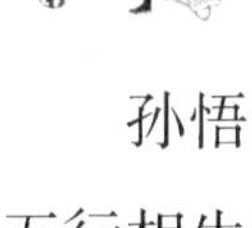

孙悟空与猪八戒的相爱相杀

孙悟空与猪悟能之间时有摩擦，却又彼此救助。请你依照下面的提示，结合五行相生相克原理，解读当时的悟空与悟能分别是对应何属性。

★一：悟空多次救助悟能。

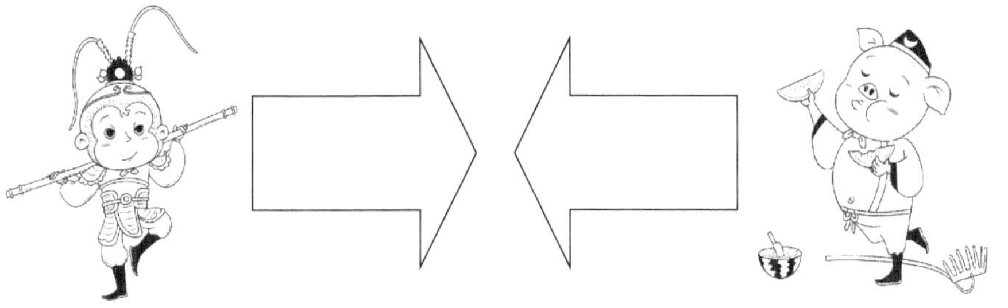

★二：……八戒笑道："你才子发昏的，若不是老猪救你啊，已此了帐了，还不谢我哩!"（摘自第四十二回）

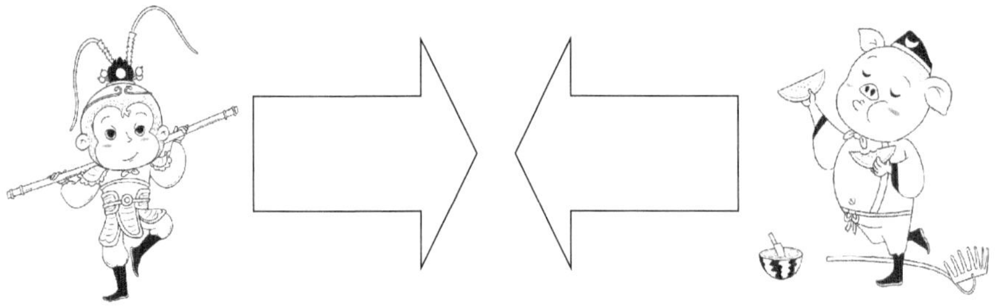

★三："金性刚强能克木，心猿降得木龙归"。

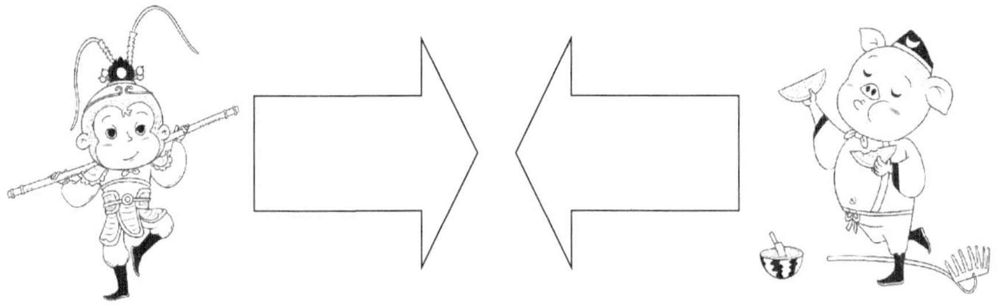

★四：八戒挑唆，说悟空坏话，终致恨逐美猴王。（参看第二十七回）

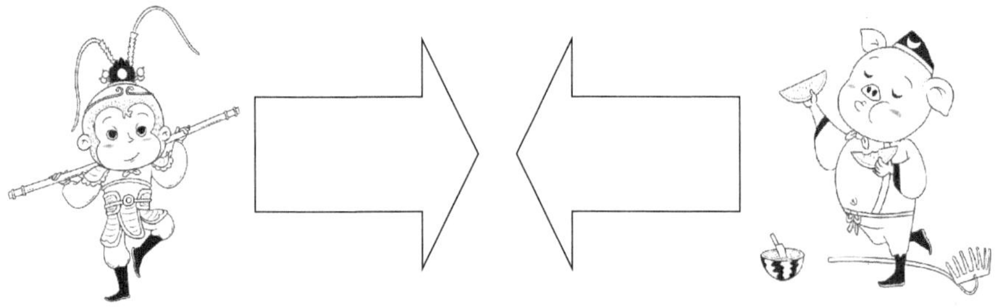

除了季节的线索外，《西游记》回目中也多次出现"心猿""金公""木母"或"金""木"等词，查找几个这类回目的名称，根据回目内容和后面的提醒猜一猜他们分别是谁。

例1：第四十一回：心猿遭火败，木母被魔擒。
例2：第八十六回：木母助威征怪物，金公施法灭妖邪。
1.道家称铅为“金公”，认为“真铅生庚”，庚辛为金，地支申酉亦为金，申属猴，又火能克金，为金之公，故________被称“金公”。五行中火对应脏腑的“心”，故心猿指的________。是故其五行属性是既是________，又是________。 2.道家称汞为“木母”，认为“真汞生亥”，亥为水，属猪，水能生木，为木之母，故________被称“木母”。是故其五行属性既是________，又是________。

探寻西游人物的五行属性

不仅是孙悟空与猪八戒，很多西游人物都有其对应的五行属性。有些人物看了名字就可以简略知道它的五行属性，读第六十五回，猜一猜与黄眉老妖搏斗的天兵天将，他们都是何属性？

角木蛟		箕水豹		奎木狼	
亢金龙		斗木獬		娄金狗	
女土蝠		牛金牛		胃土彘	
房日兔		氐土貉		觜火猴	
心月狐		壁水貐		参水猿	
尾火虎		室火猪		井木犴	
鬼金羊		翼火蛇			
柳土獐		轸水蚓			

当然，每一个人物的五行属性，都不仅仅是一处简单的线索就能推断出的，他还应和着很多五行对应规律。

聪明的你，能不能选择《西游记》中的一个人物，为他做一个五行属性探秘的小小名册呢？左侧为人物肖像画，右侧为有力依据。

请结合书中内容与提示，结合金、木、水、火、土的相生相克原理，结合方位、味道、脏腑、声音、季节、颜色、感官、人事等与五行对应原理进行解读。

《西游记》中的五行理念

《西游记》中不仅人物设置暗合五行，颇有趣味。整部书中排兵布阵、形势解读等等都有五行理念贯穿其中。你想不想一窥究竟？

《西游记》第四十九回选摘：

铜锤宝杖与钉钯，悟能悟净战妖邪。一个是天蓬临世界，一个是上将降天涯。他两个夹攻水怪施威武，这一个独抵神僧势可夸。有分有缘成大道，相生相克秉恒沙。土克水，水干见底；水生木，木旺开花。禅法参修归一体，还丹炮炼伏三家。土是母，发金芽，金生神水产婴娃；水为本，润木华，木有辉煌烈火霞。攒簇五行皆别异，故然变脸各争差。看他那铜锤九瓣光明好，宝杖千丝彩绣佳。钯按阴阳分九曜，不明解数乱如麻。捐躯弃命因僧难，舍死忘生为释迦。致使铜锤忙不坠，左遮宝杖右遮钯。

八戒、沙僧与那妖魔大战了一场，作者也是用阴阳五行来描述的。请你化身作者，为读者们解读一下这场大战。

《西游记》第六十一回选摘：

又一次，唐僧师徒没有宝扇过不了火焰山，悟空从罗刹女那里骗了宝扇，又被牛魔王变八戒骗了回去。八戒畏难，要绕道而行，在悟空和土地神的劝解下，来了精神，忙说：

是，是，是！去，去，去！管甚牛王会不会，木生在亥配为猪，牵转牛儿归土类。申下生金本是猴，无刑无克多和气。用芭蕉，为水意，焰火消除成既济。昼夜休离苦尽功，功完赶赴盂兰会。

八戒分析形势，用的也是五行原理，你能不能化身为八戒，解读一下当时的形势，给自己鼓鼓气呢？

《西游记》中暗合五行理念的人物与事件还有很多。读完整部《西游记》后，如果你对五行趣解《西游记》还有更多的兴趣，不妨回过头去找一找，看一看，解一解，以你自己觉得简单明了的形式（如思维导图、表格等）展现给大家，让更多的人用这个视角来欣赏《西游记》!

第十课　思维导图解读《西游记》

赵延琦

趣味猜谜引重点

猜一猜

根据文字或图片提示，在旁边的空格中写出《西游记》中对应人物的名字。

雷公嘴		晦气脸	
长嘴大耳朵		白白胖胖	

		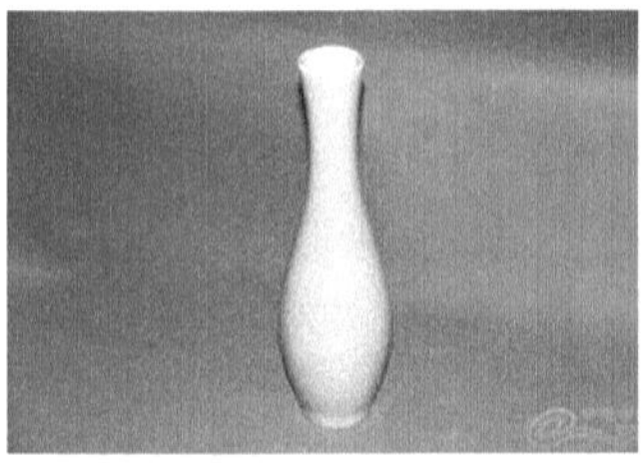	

试一试

如果上面的游戏没有难倒你，那么看看你能否猜出下面这个谜语呢？请听题！

什么东西能长能短，能宽能窄；
能大过沧海，也能小过蚊蝇；
能转瞬间到达天边，也能转瞬间回到眼前；
能化作任何事物，也能消失得无影无形。

答案：______________________________

____

理由：______________________________

____

想一想

我们每个人的思维能力都是非常强大的，它可以实现复杂的知识或庞杂的内容与简单好记的文字或图像之间的相互转换。

打个比方来说，我们每个人的大脑就是一座庞大的思维宫殿，里面有许许多多间的房屋，每个房屋里又有许许多多的柜子和抽屉，里面放置了我们学到的所有的知识和拥有的记忆，如果不把这些东西存放的位置做好记录，那么很容易找不到，也就回想不起来。因此我们需要运用强大的思维能力，通过“思维导图”这份轻便简捷的备忘录来帮助我们随时并精确地找到所需的记忆。

思维导图又叫心智图，是表达发散性思维的有效的图形思维工具，它简单却又极其有效，是一种革命性的思维工具。思维导图运用图文并重的技巧，把各级主题的关系用相互隶属与相关的层级图表现出来，把主题关键词与图像、颜色等建立记忆链接。思维导图充分运用左右脑的机能，利用记忆、阅读、思维的规律，协助人们在科学与艺术、逻辑与想象之间平衡发展，从而开启人类大脑的无限潜能。思维导图因此具有人类思维的强大功能。

思维导图理情节

我问你答

《西游记》中大约有一百七十四个人物登场，主要故事情节就有九九八十一难，妖怪和神仙所用的法宝也有十几个，我们怎么才能熟记书中的情节呢？只有绘制简单、充实、便于自己记忆的“思维导图”才能做到这点。

下面，我就来带大家结合《西游记》第一回至第十三回的内容，一起学习并绘制“思维导图”。

问题1：请你回忆一下，《西游记》第一回至第十三回可以分成几个主要部分？每个部分的主要内容是什么？

问题2：下面我们先来仔细看看第一部分内容，想一想围绕孙悟空这一人物都讲述了哪些事情？你能否分别用几个关键字概括每一回的主要情节？

问题3：前七回有的主要情节都有哪些呢？请你从问题2的答案中提炼一下。

我看你画

《西游记》前七回的内容已经被咱们精简到只有这么几个短语，可以说“思维宫殿”里各个房间的“钥匙”已经制作完成了，下面我们需要给这几把钥匙做上不同的标记，以便更好地区分。

那么怎么“做标记”呢？在“思维导图”中如果文字和简单图画配合得当，对于激发我们的回忆能够起到事半功倍的效果。因此，我们需要选取一些意象，配以简单的图画。老师已经给出了一个例子，你会给其余几个文字配哪些图画呢？请大家动手画一画。

孙悟空花果山称王

学艺归来

闯龙宫闹地府

天宫当官

大闹天宫

大战二郎神

被压五行山

现在关键字和简单图画都有了，那我们的“思维导图”是不是就完成了呢？大家别急，还有一个关键步骤需要我们好好思考。

“思维导图”之所以能够成为帮助我们梳理并激发所学、所知、所感的利器，就在于它里面有着一条鲜明、合理、巧妙的逻辑主线。“逻辑主线”是我们如何安排这些文字和图像的关键。

那么《西游记》前七回的逻辑主线可以是什么？又有怎样的特点呢？请你根据下列提示的关键情节信息的所在位置，勾画出一个逻辑主线。

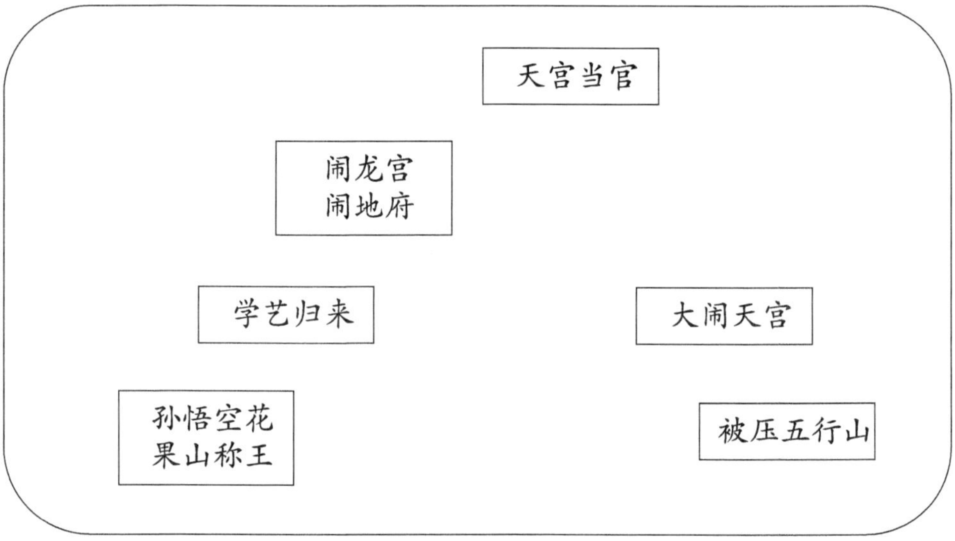

我教你学

我们一起回顾一下刚才绘制前七回“思维导图”的过程。

1 确定“思维导图”的主要作用——掌握内容与情节

2 确定“思维导图”核心要素——人物	
3 绘制思维导图	
3.1 概括主要内容	3.2 用关键字概括完整情节
3.3 提炼关键情节	3.4 配以提示图画
3.5 分析逻辑主线	3.6 安排导图要素

运用所学画导图

我点你悟

相信同学们已经大致掌握绘制思维导图的方法了，请大家根据本课所学的方法绘制后六回（含附录）的思维导图，提示如下：

1.前七回主人公是孙悟空，后六回的主人公是?

2.前七回的逻辑主线是“山”，后六回的逻辑主线可以是?

3.前七回孙悟空最后被压在“山”右侧下方，唐僧和他会在哪里相遇?

第十一课　“御赐护照”中的西游路

高玲

阅读提示

话说《西游记》深受人们喜爱，某地欲建设西游记主题公园，园中设“带你重走西游路”活动区，区内将重现唐僧师徒四人西游途经的国家或地区，请同学们完成如下任务，以配合园区的建设。

指点迷津

西游从大唐长安到天竺国，路上所经历的国家或城池共计十二个，请你在书中找到它们，按照先后给它们排排序，以确定园区游览路线：

宝象国　比丘国　车迟国　凤仙郡　祭赛国　金平府　灭法国　狮驼国　乌鸡国　西梁女国　玉华州　朱紫国

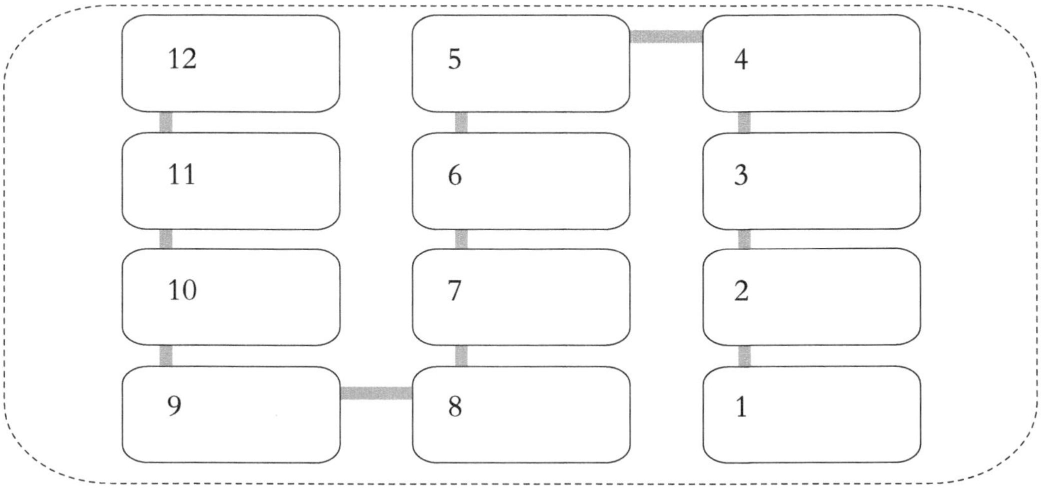

大话西游

唐僧师徒四人在途经这些国家时，发生了各种各样的故事，请你选取两三个自己印象深刻的故事，拟定解说词，向游人讲述唐僧四人在该国的经历。

设计官印

《西游记》中，唐僧师徒每到一个国家，都要倒换通关文牒，盖上国玺官印。什么是通关文牒呢？通关文牒就是官府颁发给人们通过关卡时所需的官方文书，我们现在称为出国护照。

在汉唐时代，我国就产生过一种与现代护照颇为相像的通行证——过所。所谓过所，就是在经过关卡的时候，展示给守关人看的文件。

过所初为竹简，后为锦帛或纸本，上面必须注明持证人的姓名、经过的地方，颁发机关要署名、钤印和日期，并把旅行目的写得清清楚楚。跟现代护照的性质几近相同。

公元前60年，汉宣帝设西域都护府，为了巩固中央集权，维护国家安全，保证税收，通行证的使用更加普遍。过所制度也正是在这种背景下应运而生。过所制度发展到唐代更加完善。唐朝本来就是一个开放的朝代，疆域北越贝加尔湖，南抵南海，东临大海，西到咸海，驿道四通八达，驿站多达1639所，关津166道。陆上和海上丝绸之路，通达日本、朝鲜、东南亚、波斯、阿拉伯、非洲东岸和东罗马帝国。

首都博物馆藏有一件石染典过所（下图），是现存最早的过所实物。它是西州（今吐鲁番）商人石染典前往各地做生意的通行凭证。据这份过所记载，石染典带着佣人家奴，赶着十头驴，做的是珠宝、药材、香料、丝绸和茶叶生意。他在瓜州、沙洲、伊州、西州、安西等多地迅速辗转，说明在有效的关卡勘验制度管理之下，唐代的丝绸之路空前畅通。

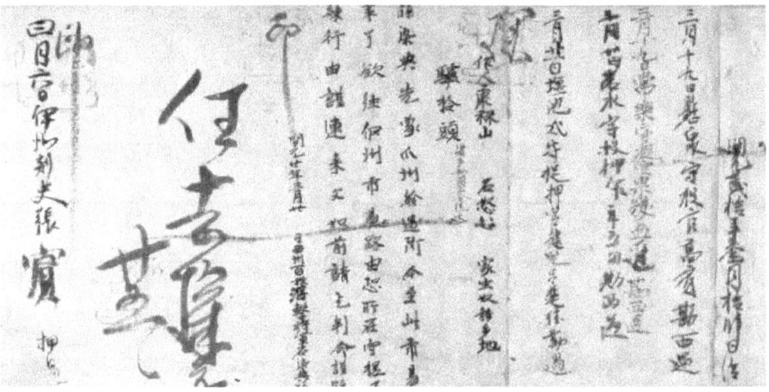

为了增加主题园区的互动性，筹办方拟制作一份通关文牒发到游客手中，每到一处，可以盖印画押，以作纪念。

那么请你结合文本，发挥想象，选择两个国家，为其设计官印。班级或年级内进行评比，最终为每个国家确定一方官印，制作成橡皮章，盖在下面的通关文牒上，或者自己制作一份通关文牒，看谁制作得最为精美。

通關文牒

東土大唐王皇帝李，駕前敕命御弟聖僧陳玄奘法師，上西方天竺國娑婆靈山大雷音寺專拜如來佛祖求經。

朕因促病侵身，魂游地府，幸有陽數臻長，感冥君放送回生，廣陳善會，修建度亡道場。盛蒙救苦救難觀世音菩薩金身出現，指示西方有佛有經，可度幽亡超脫，特著法師玄奘，遠歷千山，詢求經偈。倘過西邦諸國，不滅善緣，照牒施行。

大唐貞觀一十三年秋吉日御前文牒。

第十二课　《西游记》法宝排座次

杨谷怀

阅读提示

同学们已经熟读《西游记》，相信大家对书中的各类法宝一定是了然于胸。今天，咱们就一起来为下面的六个法宝排排座次，看看哪种法宝最厉害！

紫金红葫芦　芭蕉扇　金刚琢　琉璃盏　后天袋　紫金铃

寻宝大会

同学们，你们认识这几个宝贝吗？请你在书中找到这几样法宝，按照出场顺序，为这六个法宝排排序。

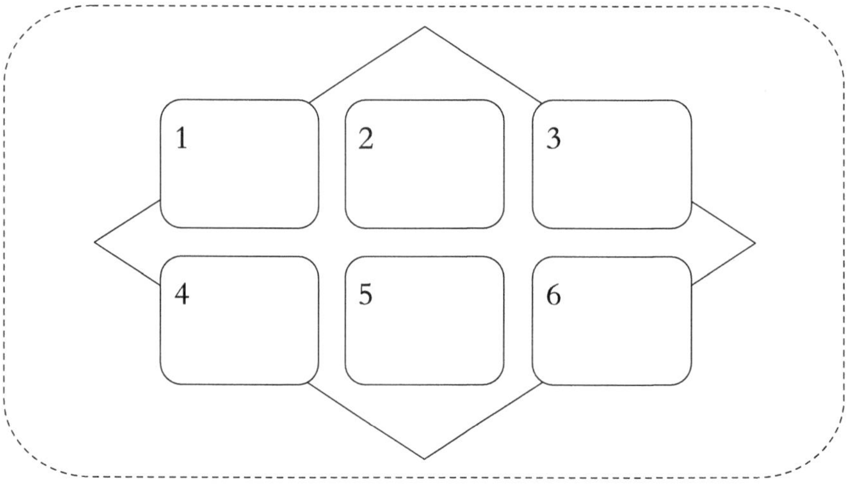

画宝大会

同学们，你们排好它们的出场顺序了吗？排好后请你们选出自己最喜欢的两件法宝，在书中找到描写它们的句子，抄在下面的小贴士上，并发挥想象，画一画这两个宝贝。

夸宝大会

同学们，你为什么喜欢上面的两件法宝呢？请你根据《西游记》中的情节夸一夸自己所选的宝贝，让大家看看这两个法宝到底有什么与众不同之处。

赛宝大会

同学们，俗话说“光说不练假把式”，只是王婆卖瓜——自卖自夸是不行的，你敢用自己的宝贝和同桌的宝贝比试一番吗？请在赛宝之前认真阅读比赛规则。

赛宝规则

1.只能运用《西游记》中提到过的功能进行比赛，不能自己空想附会。

2.可以运用连环比较来一决高低。比如A用a宝贝打败了B，B曾经打败过C，那么就可以认为a宝贝可以打败C。

请将你们双方的赛宝过程记录下来，如果有矛盾，可以请同学、家长或老师来评判。

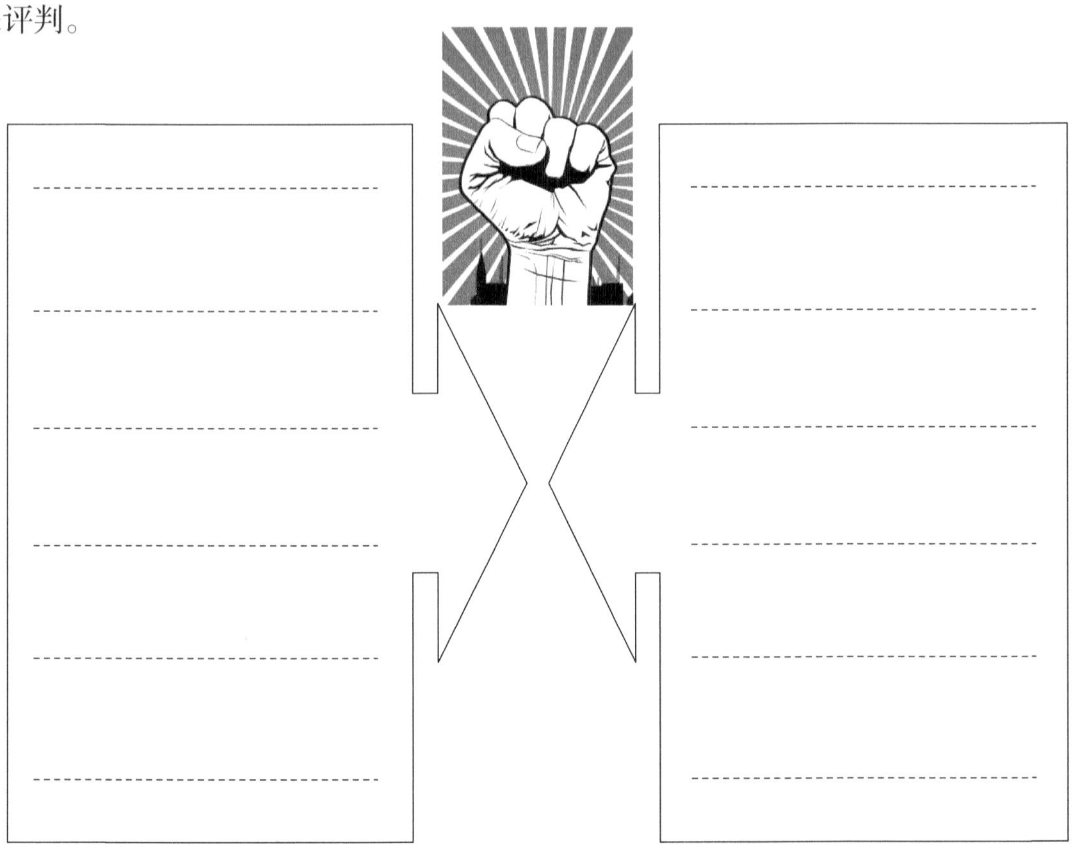

第四单元　“西游”的烦恼

第十三课　心猿为何，六贼何在

——离去和归来的寓言

江子安

阅读提示

《西游记》第十回，最重要的是孙悟空第二次登台，而登台的契机是唐僧从长安出发，按照观音的预先安排收下第一个徒弟。师徒二人路遇强盗，行者一棒打死，唐僧逼走行者。在龙王的劝慰下，行者回到唐僧身边，而不久前观音赐给唐僧紧箍咒。唐僧使计让行者戴上紧箍咒。从此，行者死心塌地跟随唐僧往西天取经。可是光了解这样的故事，不深入到人物的内心精神世界，只是阅读了《西游记》的皮毛。

寻章摘句

1.【心猿】在《西游记》中属高频词，在回目中就经常出现，请把包含此词或相似词的回目抄写在下面。

2.你关注过章回的题目吗？故事中的六贼是什么？

（ ）喜（ ）怒（ ）爱（ ）思（ ）欲（ ）忧

3.孙行者面对斑斓大户咆哮剪尾而来，安慰师傅的一句话是什么？请写在图右空白处，作为这幅插图的一个注释。

4.孙行者之外貌，你观察过吗？他像什么呢？（此处杜绝回答猴、猿）

聚焦“行者”

1.孙行者离开唐僧，来找东海龙王散心时，意外看到“圯桥进履”的画，当知道其中的故事之后，孙行者选择回到唐僧身边，请简要讲述这个故事，思考触动行者回到唐僧身边的原因。

2.此回末尾写道：“那行者才死心塌地，抖擞精神，奔西而去”。我们可以说孙行者从诞生到现在，完成了一次蜕变。你能简单勾勒出行者这个过程吗？

大有乾坤

1.猿和猴之分。

甲骨文中的“夒”

猴，《说文》释为“夒”，《说文解字》解释为“母猴，似人。”——“母猴”不是美女猴，而是“沐猴”的音转，也就是今天说的“马猴”“猕猴”。

小篆中的猴、玃、犹、狙

《尔雅》：“猶，如麂，善登木。”点明了猴子灵活好动的特点。

《尔雅注》中记载，玃“色苍黑，能攫持人，好顾盼”。

狙，《说文》释为“猱属”，也是猴子。在动物世界中，猴子的贪吃是大名远扬的，“狙”正是其中的代表。《庄子·齐物论》中有“朝三暮四”的典故：

> 宋有狙公者，爱狙，养之成群，能解狙之意，狙亦得公之心。损其家口，充狙之欲。俄而匮焉，将限狙之食，恐众狙之不驯于己也。先诳之曰：“与若芧，朝三而暮四，足乎？”众狙皆起而怒。俄而曰：“与若芧，朝四而暮三，足乎？”众狙皆伏而喜。

在古人心目中“猴”和“猿”是有区别的。比较有名的说法是柳宗元提出的“猿静猴躁”说。事实上，早在《说文》中“猿”和“猴”就有所区别——玃、犹、狙、猴从犬，猿则写作蝯，从虫——《说文》归部有区别义类的功能，蝯、猴分部，就说明它们不是同类，《犬部》的字显然要比《虫部》更加野性。

“猴”更多和典故联系起来，“猿”更多和山林水泽的意境联系起来。

阅读上述材料后，你对于“心猿”有没有一个新的理解？

2.何为六贼？

佛曰，“六根不净”。

> (一)眼：能见色者是。以能对色而生眼识，故谓眼根。
> (二)耳：能闻声者是。以能对声而生耳识，故谓耳根。
> (三)鼻：能嗅香者是。以能对香而生鼻识，故谓鼻根。
> (四)舌：能尝味者是。以能对味而生舌识，故谓舌根。
> (五)身：能感触者是。以能对触而生身识，故谓身根。
> (六)意：能知法者是。以能对法而生意识，故谓意根。

六贼为一个人成圣过程中可能遇到的自身障碍，那是不是说孙行者在取经途中也要着意解决这些问题呢？我们何不把与这些山贼相斗理解为孙行者内心征战的外化呢？你还能找到小说中相类似的情节吗？

【采英撷华】将一些精彩的词句摘抄积累在下边。

祖传的大王：孙行者对六贼所说之话，祖传的大王，可是蛮横、威风至极。

竖蜻蜓：形象至极！蜻蜓竖起，以摹孙行者难以承受经箍咒跳起翻腾的样子。

第十四课　“迷途羔羊”归来

——孙行者的三次出走

梁辰

阅读提示

取经路上，师徒四人除了要面对一路上虎视眈眈的妖魔鬼怪，还要时不时处理四人之间发生的矛盾冲突。在这当中，最惹眼的莫过于师父唐僧与大徒弟孙悟空这一对儿。这二位的师徒关系在中国文学史上可以说是“绝无仅有”。其中徒弟孙悟空的三次“出走”与“归来”更是为读者们所津津乐道。作者有必要安排三次出走吗？孙悟空三次出走的原因一致吗？三次出走对唐僧又意味着什么呢？八戒和沙僧只是一旁的看客吗？……在这一节，就让我们走到文本中再次一窥究竟吧！

寻章摘句

★孙行者在哪几回中出走了呢？以下三幅连环画的封面是否唤起了你的记忆呢？请你根据提示，填写对应信息，并按照时间顺序将三个事件排序。

故事一

对应的回目是：______________________________

回目名称是：________________________________

故事二

对应的回目是：______________________________

回目名称是：________________________________

故事三

对应的回目是：________________________

回目名称是：__________________________

★孙悟空的三次出走都是因为与唐僧产生了矛盾。请你用最精练的语言概括悟空出走的理由，并说一说你认为每一次造成行者出走的责任在谁并阐述理由。

	出走理由	“责任人”	你的理由
第一次			
第二次			
第三次			

聚焦“行者”

★请你再次阅读这三回。在三次出走中，所用篇幅最长、描写最细致的是行者的第二次出走。参照给出的例子，补充完整行者第二次出走的相关描写，并回答相关问题。

例1：第一次出走

1.语言描写

2.动作描写

那三藏不曾答应，他就使一个性子，将身一纵，说一声“老孙去也！”三藏急抬头，早已不见。

3.老师的分析

刚刚成为徒弟的孙悟空“猴性难改”，随心所欲，为所欲为。

例2：第三次出走

1.心理描写

“（唐僧念紧箍咒）……行者害怕……”；“却说孙大圣恼恼闷闷，起在空中，欲待回花果山水帘洞，恐本洞小妖见笑，笑我出尔反尔，不是个大丈夫之器；欲待要投奔天宫，又恐天宫内不容久住；欲待要投海岛，却又羞见那三岛诸仙；欲待要奔龙宫，又不服气求告龙王；真是个无依无倚，苦自忖量道：“罢！罢！罢！我还去见我师父，还是正果。”

2.老师的分析

细品孙行者想要回到唐僧身边的理由，他始终在考虑自己会不会丢人，会不会被嘲笑，并没有考虑过唐僧的处境，显得有些冷淡、无情。

请你试一试：第二次出走

1.第二次出走之前，孙行者都做了哪些事？（动作描写）

2. 请你摘录原文，完成对话。（语言描写）

3. 请你在表情包中为孙行者的三次出走选择恰当的表情表示孙行者的心情，你会如何选择？（心理描写）

第一次	第二次	第三次

你可以选择表情画在表格中，也可以标注“第几行第几个”

4. 你的分析：

大有乾坤

材料一：被收服的是真悟空？——你能去伪存真吗？

近来，网上总是有这样一种说法，说在“真假美猴王”一回之后，被如来佛收服的是真悟空，而六耳猕猴则陪伴唐僧取得真经。你认同这种看法吗？

着实，这样的离奇笔法表面上看起来很吸引人，而且似乎还有几分道理的样子。不过，如果我们回到文本中，你就会发现，实际上吴承恩并没有给这种说法留有任何余地，活下来的那个一定是真大圣！为什么这么说？以下有“真假美猴王”一回之后出现的两则原文片段，你能用这两则文本作为例子驳斥“活下来的是六耳猕猴”这种说法吗？

片段一：

那里面有丰盛，又有花草果木。行者喜道：“好去处啊！想老孙出世，天赐与水帘洞，这里也是个洞天福地。”

片段二：

若我老孙，方五百年前大闹天宫之时，云游海角，放荡天涯，聚群精，自称齐天大圣，降龙伏虎，消了死籍；头戴着三额金冠，身穿着黄金铠甲，手执着金箍棒，足踏着步云鞋，手下有四万七千群怪都称我做大圣爷爷，着实为人。如今脱却天灾，做小伏低，与你做了徒弟。相传师父头顶上有祥云瑞霭罩定，径回东土，必定有些好处，老孙也必定得个正果。

如果这些文本依旧让你摸不着头脑，不妨再回到真假美猴王一回，你来看一看，吴承恩在写小说的时候，是如何称呼大圣和六耳猕猴的？有没有一些特别的痕迹引起了你的注意呢？

材料二：六耳猕猴到底是谁?

你是不是也好奇过，这个几乎和孙悟空一模一样的六耳猕猴究竟从何而来?其实，在小说当中，吴承恩已经解释得很清楚了。

在如来处，如来有这样一句话："如来降天花普散缤纷，即离宝座，对大众道：'汝等俱是一心，且看二心竞斗而来也。'"一个人只有一颗心，什么叫作二心呢?

所谓二心，是佛教用语，指的是真心和妄心。真心，顾名思义，是真实的心；妄心，就是妄想的心。如果再用大白话来解释一下，其实，所谓二心，就是孙悟空的心魔幻化而成的，所以它才会与悟空如出一辙，无论功夫本领还是身形体量完全一致，却有一副全然不同的心肠。

所以，实际上孙悟空和六耳猕猴的争斗，本质上就是一个人和自己内心阴暗面的争斗。这种极具抽象的、符号学意义的争斗，幻化到真实的故事情节中，透着一股自我认知与觉醒的味道，带给读者的阅读体验也是极其震撼的。

你的思考：

第十五课　食与色的诱惑

——猪八戒的成长之路

张雅丽

阅读提示

提起猪八戒，他可谓是家喻户晓的《西游记》人物，他相貌丑陋但性格憨厚可爱，他爱耍小聪明但又不乏善良，他好吃但不懒惰，他好色但不淫荡……猪八戒自身仿佛就是个矛盾体。今天就让我们一起来扒一扒猪八戒的八卦。

扒一扒猪八戒的“吃货”本色

猪八戒是一个被世俗欲望放大的口腹之欲极强的“人物”，总是会为食物而发生一些或喜或悲的事情，让人为之捧腹大笑，来来来，欢迎围观。

八戒其实在成为八戒之前就是名副其实的吃货了，在小说第十八回《观音院唐僧脱难 高老庄大圣除魔》中他人未出场，但他的吃货本色就被他的岳父大人——高老暴露了：

岳父高老亲口所说:

八戒真的如他岳父大人说的那么贪吃吗？作为正直的我们，必须眼见为实，不能冤枉一个好人，快去现场窥探一番：（偷偷告诉你，在第四十七回和第五十四回我发现了一些蛛丝马迹。）

找出一处做摘抄或用自己的语言概括，并写出你看到此处的感受。

章回：__________

摘抄或概括：

你的感受：

哈哈，猪八戒的吃相被我们逮个正着，据说在这之前他偷吃人参果的时候还有一些趣闻呢，这件事咱们怎能错过，走着……

猪八戒明明是和行者、沙僧一同享用的人参果，可他却和没吃过一样还要再尝尝，这是怎么回事？请你以八戒的身份回忆一下当时的场景，并写写他吃过人参果后却没过瘾的心理感受：

扒一扒猪八戒的“好色”艳闻

猪八戒除了贪吃，好色也是出了名的，连如来佛祖对猪八戒在修成正果后都做出了“色情未泯”的评价。

这个“好色之徒”的艳闻可是不少呢，我们来一起扒一扒：

请你将印象深刻的猪八戒的“好色”之举罗列二三处，摘抄原文也可，自己概括亦行，但后面一定要有自己的感受。

1.第十九回《云栈洞悟空收八戒 浮屠山玄奘受心经》： 猪八戒（当时还被称为“那怪”）主动向悟空坦白：当时还是天蓬元帅的他因酒后“色胆如天叫似雷”，调戏嫦娥被贬出天庭。——如果没有被逐出天庭，也就没有后面的西天取经了，这对他来说算不算因祸得福呢？
2.第二十三回《　　　　　　　　》：

3.第五十四回《　　　　　　　　》：
4.第九十五回《　　　　　　　　》：

猪八戒西行一路，虽然“色心未泯”，却始终没有真正的破过色戒，属于色而未淫，所以并没因此让大家反感他，讨厌他。

为猪八戒的“贪吃”洗冤

猪八戒虽然贪吃，但他绝不懒惰，如果你把好吃懒做这个词用在了八戒身上实在有些冤枉。请你为八戒的两次贪吃却不懒惰找出合适的解释：

第一次：岳父大人说他能吃

八戒自己解释道

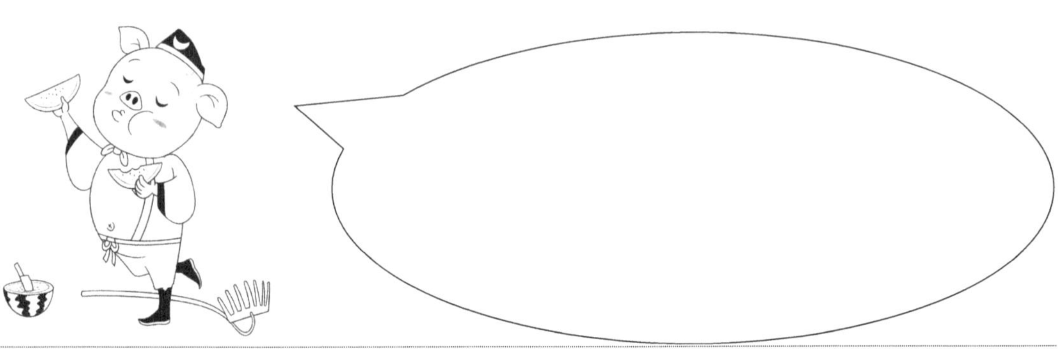

第二次：在西梁女国光禄寺东阁就宴，八戒吃尽五花八门的菜肴

八戒说：

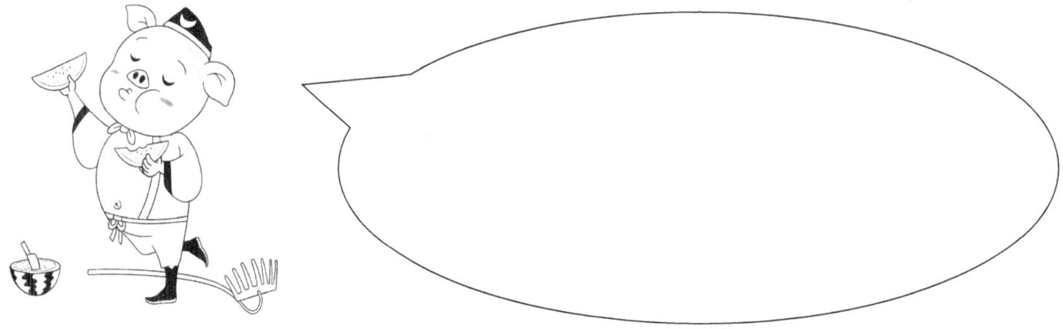

正确看待诱惑外的猪八戒

猪八戒虽然一路走来既贪吃又好色（当然还有别的缺点），但我们不能不看到他的闪光点，其实克服这些诱惑的过程本身不也是八戒历练、成长的过程吗？

我们读完《西游记》，似乎一点儿也不觉得他丑陋和讨厌。相反地，在他的这些缺点背后，透露出来的憨厚老实，富有人情味，却给我们留下了深刻的印象。正如林语堂先生所说，他是一个“充满人欲的艺术形象”。猪八戒，让我们觉得可亲又可爱。

最后，请你针对这一节的内容为猪八戒创作一副对联：

上联：
下联：

《西游记》

——一部关于成长的寓言（代跋）

邵世民

有人说，所谓经典名著，就是读第一遍的时候，就像读过很多遍一样亲切；读了很多遍，也像读第一遍一样新奇。是的，经典名著的魅力就在于它是一座宝藏，令人常读常新。有人说《西游记》是神魔小说，是一部以孙悟空为代表的正义力量与一切妖魔鬼怪、牛鬼蛇神做斗争的斗争史；有人说它是宗教小说，是一部贬损道教、弘扬佛教的心灵皈依史；也有论者说它是游戏之作，认为它用诙谐、幽默、滑稽的笔调调侃、戏弄不堪的现实社会；也有论者认为它是一部寓意深远的政治小说，认为它主张除暴安良、关怀黎民疾苦、暴露官场腐败，反映了要求变革的时代精神……

诚然，《西游记》是丰富的，它涉及政治、宗教、哲学、医药、民俗等诸多方面，犹如孙悟空的七十二般变化，使人目不暇接。然而，对于青少年朋友来说，最感兴趣的还是性格迥异的师徒形象、取经途中经历的艰险，以及降妖除魔的法力与智慧。我们欣赏孙悟空的威力无边、智慧超群，也欣赏猪八戒的自在、真实、不做作；我们喜欢沙和尚的稳重、识大体、顾大局，也喜欢玄奘的虔诚善良、信念坚定。《西游记》有很多种读法，抛却那些政治的、宗教的、哲学的宏大主题，让我们换一个角度来理解《西游记》：自石猴出世到大闹天宫、从降妖除魔到修得正果，我们不妨把孙悟空的成长历程和每一个人的成长历程联系起来，把它看作是一部关于人生成长的寓言。同样，我们在孙悟空、猪八戒、沙和尚和唐僧身上，也能看到人生不同阶段的影子。

那么，让我们从孙悟空这个形象入手，来解读这部人生成长的寓言吧。

心理学家弗洛伊德的精神分析学说认为，人格是由本我、自我和超我三个部分构成。其中，“本我”由爱欲和破坏两种本能构成，受“快乐原则”支配，顺从人的本能冲动，要求绝对自由，这是人类婴幼时期的主要特点。从石猴出世到大闹天宫再到压在五行山下这一阶段，正是“本我”的体现。

孙悟空无父无母，乃“天地精华所生”，“不伏人王拘束，自由自在”。他向菩提祖师问学，学会了“七十二变”和“觔斗云”，不过是为了学个长生不老，意在“得一个无生无灭之体”。学成回到花果山，“施武艺，遍访英豪；弄神通，广交贤友”，与牛魔王等结为七兄弟，“日逐讲文论武，走斝传觞，朝去暮回，无限快乐。”然而，烦恼来了。先是梦中冥界派来鬼卒来拘捕，他干脆在生死簿上把自己和同类的名字一笔勾销。接下来东海龙王状告他拿走了金箍棒、凤翅金冠和锁子甲，再是地藏王菩萨状告他强销死籍，引得玉皇大帝令太白金星招安。孙悟空的任性作为第一次受到了“他者”的束缚，虽然这一次的束缚还是比较温情的——天庭招安他做了虽受仙箓却“未入流”的弼马温。然而，当他得知真相便怒火中烧打出南天门，回花果山扯起“齐天大圣”的旗帜。这是他与天界龃龉开始。

玉皇大帝招安不成便以武力剿杀，派托塔李天王与哪吒三太子带领天兵天将收伏孙悟空。孙悟空不服管教决心抗争，除非玉皇大帝承认“齐天大圣”的名号，否则就打上灵霄宝殿，“叫他龙床定坐不成”。玉皇大帝战而不胜，便要起手段再次招安，封他一个有名无实、有官无禄的“齐天大圣”的空衔，并为他造一座齐天大圣府，“着他安心定志，再勿胡为”。历代统治者对付犯上作乱者软硬兼施的手段，被玉皇大帝用上了。但“不谙世事”的孙悟空看不透玉皇大帝种种手段的卑劣。故而，他在天上“日日无事，闲游结交，天上众星宿，不论高低，俱称朋友”。他不懂上界规矩，管蟠桃园却偷吃仙桃，没被邀请参加蟠桃大会便索性捣乱，偷仙丹饮玉液，逃回花果山。面对天兵天将，尤其是仙界、佛界的联手作战，孙悟空毫不退却，喊出“交椅轮流坐，明年是我尊”的宣言书。最终被如来佛祖诱骗，被压在五行山下。

我们可以看出，他闯冥界、探龙宫、都天庭，任性而为，不受伦理道德、尊卑秩序的约束，所谓“高天上圣大慈仁者玉皇大天尊玄穹高上帝”，在他眼里也不过是“玉帝老儿”。他缺少成年人的心机，容易上当受骗，玉皇大帝封他为弼马温，是“未入流”的闲职，封他为“齐天大圣”，是“有官无禄”的虚衔，这一点点好处都能使他乐陶陶忘记不快。从石猴出世到压在五行山，孙悟空是一个不受世俗约束的顽童形象。那无忧无虑、争强好胜与强烈的好奇心，是人们童年时期的特点。

弗洛伊德认为，“自我”是从“本我”中分化出来的部分，部分地保留着“本我”中的某些内容，同时，遵循“现实原则”，学会趋利避害，改造环境；抑制本能，以求生存。从孙悟空戴上紧箍咒保唐僧西天取经后，“自我”的特征就表现得越来越突出。

从第十三回到第六十一回，孙悟空追随唐僧取经，三次离开取经队伍，三次归来。在经历了饮铜汁餐铁弹的磨难之后，昔日英雄“头上堆苔藓，耳中生薜萝，鬓边少发多青草，颔下无须有绿苔”，十分狼狈。被压五行山的五百年，是他“本我”和“自我”不断协调的一个阶段，这一阶段磨练了他的心性。在观音菩萨点化后，他道出“但愿大慈大悲指条门路，情愿修行”的话，这是他压抑本我、趋利避害的反应。第一次离开取经队伍，是在打杀六贼受到唐三藏批评之后，他“使性子”丢下唐三藏，跑往东洋大海龙王宫里去了。龙王用“圯桥进履图”开导他，“你若不保唐僧，不尽勤劳，到底是个妖仙，休想得成正果。”“悟空闻言，沉吟半晌不语”，一番思索后，“悟空道：‘莫多话，老孙还去保他便了。’”这里，我们可以看出重获自由的“本我”与自我约束的“自我”产生矛盾、不断协调的过程。这是个体走入社会之后面对秩序的必要反应，是孙悟空被纳入秩序社会的第一步，也是青春烂漫的青少年时期与秩序社会试探、交手、融合、调适自我的过程。

第二次离开是三打白骨精引起唐三藏误会，被逐出取经队伍。临行前，孙悟空殷切地嘱托沙僧照看师父，在归途半空看见东洋大海，“一见了又想起唐僧，止不住腮边泪坠，停云住步，良久方去”，这时的他有了人的情感。猪八戒用“师父想你”“妖怪骂你”的情感拉拢他、激怒他，用“一日为师，终身为父”的道德法则约束他，孙悟空便答应回去。人性的出现使他主动地担起了保护唐三藏的担子，这是他主动调适、主动融入秩序社会的行为。

孙悟空的第三次出走是因路遇强盗大开杀戒后被唐僧逐走。此番被逐，孙悟空没有再使性子，而是前往普陀崖观音菩萨处诉苦。在之后发生的真假美猴王故事中，孙悟空与六耳猕猴的斗争，实际上就是孙悟空内心的“妖性”与“佛性”的斗争；三调芭蕉扇更是他驱走浮躁、定心向佛的隐喻。此后孙悟空完成了自我救赎，坚定了西天取经的志向。

从脱离秩序社会的妖到走进秩序社会的佛，孙悟空这三次离开取经队伍的经历，是自我克制和外在束缚的对抗阶段，是他逐渐地走进秩序社会，并确立了自己的取经理想的必然结果。从人格发展上看，这也是人们逐渐由“小我”走向“大我”、从个体走向社会的过程。

弗洛伊德认为，“超我”是个体通过内化道德规范、价值观念，监督、批判及管束自我行为的意识层次，它遵循的是“道德原则”。这表现在从三调芭蕉扇开始到历经磨难直至取得真经这一阶段。这一阶段，孙悟空不但没有离开取经队伍，反而成了取经队伍的核心，成了唐三藏的支持者与引导者。他在唐僧生病的时候给予安慰和鼓励；在唐僧动摇时像导师一样去点拨；他降妖除怪毫不留情；他同情弱小予以帮助。凤仙郡求雨、救婴、行医等排忧解难的义举，哪里还看得到大闹天宫时顽劣不恭的石猴呢？这分明是仁民爱物、心怀悲悯、锄强扶弱的圣人形象啊。这一阶段的孙悟空，完成了道德的自我完善，他主动的担起了责任并主动约束自我，实现了自我的超越。这不正是人成熟的标志么？

所以，我们可以说，孙悟空的成长史是一个寓言，是人成长、成熟的寓言。人的成长就是由本性的无拘无束发展到调适自我，融入秩序社会，再到用道德、价值观念来主动规范自己，实现自我价值的过程。

以上是从孙悟空形象塑造入手，来解读《西游记》。《西游记》是无尽的宝藏，聪明的你，探得了那些珍宝呢？